EVA-MARIA BAST | ELENA DE F. OLIVEIRA | MELANIE KUNZE

DRESDNER FRAUEN

HISTORISCHE LEBENSBILDER AUS DER STADT AN DER ELBE

DRESDNER NEUESTE NACHRICHTEN

Bast, Eva-Maria; de F. Oliveira, Elena; Kunze, Melanie
Dresdner Frauen – Historische Lebensbilder aus der Stadt an der Elbe

DRESDNER NEUESTE NACHRICHTEN in Kooperation mit:
Bast Medien GmbH, St.-Ulrich-Straße 11, 88662 Überlingen (verantwortlich)
1. Auflage 2018
ISBN: 978-3-946581-59-8

Copyright: Bast Medien GmbH
Herausgeberin: Eva-Maria Bast
Lektorat: Lena Bast
Covergestaltung: Melanie Kunze
Layout: Melanie Kunze
Satz: Melanie Kunze
Druck: Mohn Media Mohndruck GmbH

Von den Machern der preisgekrönten Reihe *Geheimnisse der Heimat*

Inhalt

Vorwort	5
Die Autorinnen	7

Friederike Caroline Neuber (1697-1760)
Der letzte Akt – Das Ende des Hanswursts — 8

Elisabeth von Rochlitz (1502-1557)
Spionin mit Geheimschrift – Eine Schlüsselfigur der Reformation — 15

Charlotte Meentzen (1904-1940)
Gurkenmilch und Wangenrot – Das Lebenswerk zweier Schwestern — 20

Anna von Sachsen (1544-1577)
Hinter Gittern – Die Frau, der kein Glück beschieden war — 26

Anna Constantia von Cosel (1680-1765)
Schön – klug – weggesperrt – Schicksalsjahre einer Reichsgräfin — 32

Lili Elbe (1882-1931)
Einar muss sterben – Zwischen Schuldgefühlen und Euphorie — 40

Else Ulich-Beil (1886-1965)
Gerechte Entlohnung – Ein Leben für die Frauenbewegung — 50

Antonia Dietrich (1900-1975)
Karriere im Rampenlicht – Vom Gretchen zur Grande Dame — 57

Melli Beese (1886-1925)
Geboren, um zu fliegen – Tollkühne Frau im Höhenrausch — 64

Melitta Bentz (1873-1950)
Alltägliches Ärgernis – Mit Hammer, Nagel und Löschpapier — 70

Ursula Bergander (1912-1996)
Traubenzucker für die Wehen – Ein schmerzarmes Geburtshaus — 75

Anna von Dänemark (1532-1585)
Glauben, Früchte und Arznei – Das Erbe der Landesmutter — 79

Rosa Menzer (1886-1942)
40 Pfennig – Ideale gegen Freiheit   84

Christine Hardt
BH am Hosenträger – Not macht erfinderisch   91

Julie Salinger (1863-1942)
Kampf, Leid und Tod – Aufrecht bis zum Ende   95

Rosa Luxemburg (1871-1919)
Kampf für die Arbeiterklasse – Soziale Gerechtigkeit für alle   103

Luise von Toscana (1870-1947)
Prinzessin auf der Flucht – Ausbruch aus dem goldenen Käfig   109

Gret Palucca (1902-1993)
Mit den Beinen denken – Ein Leben für den Tanz   124

Agnes von Hessen (1527-1555)
Geheimnisvolle Inschrift – Giftmord oder Fehlgeburt?   131

Elsa Fenske-Classen (1899-1946)
Widerstand und Fürsorge – Der Engel mit den roten Flügeln   136

Johanna Weinmeister (1887-1940)
Die Erste der Ersten – Matrikelnummer 9748   142

Maria Antonia von Bayern (1724-1780)
Mäzenin mit Machthunger – Die zwei Seiten einer Kurfürstin   146

Anna Fischer-Dückelmann (1856-1917)
Steiniger Weg – Disziplin und Geduld   152

Gertrud Caspari (1873-1948)
Die „Bilderbuchtante" – Liebevolles für kleine Hände   162

Maria Reiche (1903-1998)
Luftschloss – Ein Leben für die Linien   169

Margarete Wendt (1887-1979)
Von Flügeln und Punkten – Kleine Figuren mit großer Geschichte   177

Quellen, Literatur, Bildnachweis   185

Vorwort

Frauen sind für uns Männer so faszinierende wie spannende Wesen. Und ganz durchschauen wird man sie wohl ebenso wenig wie den Inhalt ihrer berühmten Handtaschen. Entscheidend ist jedoch das: Frauen sind heute glücklicherweise in vielen – wenn auch leider nicht in allen – Bereichen gleichberechtigt. Das war bekanntermaßen nicht immer so und die Geschichtsschreibung über viele Jahre hinweg männlich geprägt, was dazu führte, dass wir über viele spannende Frauen der Geschichte wenig wissen. Deshalb haben wir gleich begeistert Ja gesagt, als die Journalistin und Verlegerin Eva-Maria Bast bei uns anklopfte und eine Kooperation für dieses Buch- und Zeitungsprojekt anfragte. Gemeinsam mit ihren Kolleginnen Elena de F. Oliveira und Melanie Kunze ist die mehrfach preisgekrönte Journalistin in Dresden auf die Spur derjenigen Frauen gegangen, die die Stadt geprägt haben und deren Leben umgekehrt von Dresden geprägt wurden. Dabei erhielten die drei Autorinnen Unterstützung von Dresdnerinnen, die sich mit den Frauen in dieser Stadt beschäftigt haben. Sie wurden zu Patinnen, die ihre Faszination für die Frauen der Vergangenheit ins Jetzt transportierten, und bildeten so Brücken zwischen Vergangenheit und Gegenwart.

Übrigens: Dresden ist die erste Stadt, über die der Bast-Verlag für die Frauenreihe, die auf ganz Deutschland erweitert werden soll, ein Buch herausgebracht hat. Bast kennt viele Städte, ist sie doch mit ihrer

Bestseller-Reihe *Geheimnisse der Heimat* überall unterwegs (nächstes Jahr erscheinen die *Dresdner Geheimnisse* in Kooperation mit unserem Hause). Aber ausgerechnet Dresden schien ihr der rechte Ort, um diese neue Reihe zu starten. Eva-Maria Bast begründet ihre Entscheidung so: „Dresden kommt mir selbst vor wie eine würdige, elegante alte Dame – eine, vor der man großen Respekt haben muss wegen allem, was sie schon erlebt hat. Und gleichzeitig ist diese Dame enorm jung und lebendig geblieben. Sie zieht einen in ihren Bann und lässt einen nicht mehr los."

Ebenso wenig wie die Dresdnerinnen, über die Bast und ihr Team schreiben: Charlotte von Rochlitz, die eine Geheimschrift erfand, Anna von Sachsen, die am Dresdner Hof lebendig eingemauert wurde, Anna Constantia von Cosel, deren öffentlich zur Schau getragenes politisches Engagement ihr zum Verhängnis wurde, und viele mehr.

Nach der Lektüre ist das Faszinosum Frau für mich noch größer geworden. Der Inhalt der Handtaschen hingegen bleibt ein Mysterium.

Herzlichst, Ihr

Dirk Birgel
Chefredakteur Dresdner Neueste Nachrichten

Die Autorinnen

Eva-Maria Bast, Jahrgang 1978, ist Geschäftsführerin der Bast Medien GmbH. Sie initiierte und schreibt die Buchreihe *Geheimnisse der Heimat*, die 2011 startete, rasch zu einem regionalen Bestseller wurde und die 2018 in 53 Bänden vorliegt. Sie wurde für ihre Arbeit mehrfach ausgezeichnet, unter anderem erhielt sie für die *Geheimnisse* den Deutschen Lokaljournalistenpreis der Konrad-Adenauer-Stiftung. Eva-Maria Bast ist Gastdozentin an der Hochschule der Medien in Stuttgart und lebt am Bodensee.

Elena de F. Oliveira, Jahrgang 1988, studierte in Konstanz Literatur-, Kunst- und Medienwissenschaften. Nach einem Jahr als Redaktionsassistentin in Karlsruhe zog es sie zurück an den Bodensee, wo sie seit 2017 bei Bast Medien volontiert. Neben ihrer Tätigkeit als Autorin für verschiedene Buchprojekte arbeitet sie dank ihrem Faible für Rechtschreibung im Lektorat mit. Elena de F. Oliveira lebt in Konstanz am Bodensee.

Melanie Kunze, Jahrgang 1976, studierte an der Naturwissenschaftlichen Akademie Dr. Grübler in Isny Chemie, bevor sie die Branche und die Region wechselte und sich dem Journalismus und dem Verlagswesen widmete. Seit 2016 ist sie Büroleiterin und Projektredakteurin bei der Bast Medien GmbH. Für die Geschichte der Frauen hat sie in den letzten Jahren ein ganz besonderes Faible entwickelt. Die vierfache Mutter lebt mit ihrer Familie in Überlingen am Bodensee.

Der letzte Akt
Das Ende des Hanswursts

„*L*ieber Leser. Hier hast du was zu lesen. Nicht etwas von einem grossen gelehrten Manne; Nein! nur von einer Frau, deren Namen du aussen wirst gebunden haben, und deren Stand du unter den geringsten Leuten suchen mußt: Denn sie ist nichts, als eine Comödiantin; von Geburt eine Deutsche." Diese Worte schreibt Friederike Caroline Neuber, geborene Weißenborn, in der Vorrede zu ihrem Stück *Ein Deutsches Vorspiel* über sich selbst. Als „Die Neuberin" diese Zeilen 1734 verfasst, liegt ein langer, steiniger Weg hinter ihr. Flucht, Vertreibung, Erfolg und Misserfolg, Bündnisse und Zerwürfnisse haben sie bis zu diesem Punkt gebracht. Und ihrem dramatischen Lebensweg folgt, einer antiken Tragödie gleich, ein tragisches Ende in Dresden.

„Über ihre Kindheit weiß man wenig", erzählt Buchautorin Christine Fischer, „doch so viel ist bekannt, dass Friederike am 9. März 1697 in Reichenbach im Vogtland geboren wird." Schon früh begehrt das freiheitsliebende Mädchen gegen seinen tyrannischen Vater Daniel Weißenborn auf. Immer wieder versucht die Halbwaise – ihre Mutter verstarb, als sie gerade einmal acht Jahre alt war –, vor dem strengen Advokaten zu fliehen. Nach einem weiteren Ausbruchsversuch eskaliert die Situation. Der Vater will ein Exempel statuieren. Er lässt die 15-Jährige in Polizeigewahrsam nehmen. Erst nach 13 Monaten, im Juni 1713, kommt sie wieder auf freien Fuß, muss aber zu ihrem Vater zurückkehren. Vier weitere qualvolle Jahre bleibt sie bei ihm und plant derweil erneut ihre Flucht.
Diesmal hat sie Unterstützung – ein Mann ist in ihr Leben getreten: der Gutsbesitzersohn und Lateinschüler Johann Neuber. Gemeinsam wollen beide fliehen. Und dieses Mal ist das

Porträt Friederike Caroline Neuber, Ölgemälde von O. Heinrich, um 1900, nach dem Stahlstich von Wegner, 1854.

Glück auf ihrer Seite: Der Plan gelingt. Nun ist Friederike zwar frei, leicht ist ihr Leben deshalb aber keineswegs, denn: „Trotz ihrer Flucht stehen ihr nur noch wenige Wege offen", verdeutlicht die Autorin. „Entweder das Kloster oder das fahrende Volk. Gemeinsam mit ihrem Freund entscheidet sie sich für ein Leben als Komödiantin."
Johann und Friederike stehen bei der Komödiantengruppe um Christian Spiegelberg in Weißenberg in Lohn und Brot, bis 1718 bei den beiden die Hochzeitsglocken läuten. „Jetzt wechseln sie die Compagnie. Für das Paar beginnt eine aufregende Zeit", berichtet Christine Fischer: „Sie wandern von Ort zu Ort, gastieren in Dresden, Hannover, Hamburg, Nürnberg, Frankfurt am Main, Braunschweig, Leipzig und Breslau." Im Jahr 1727 wagt Friederike einen weiteren mutigen Schritt, sie gründet gemeinsam mit ihrem Mann in Leipzig die „Neubersche Komödiantengesellschaft". Immer mehr Schauspieler gruppieren sich um das Ehepaar. „Offiziell tritt Johann als Leiter auf, doch Friederike ist die tatsächliche Prinzipalin", schildert die Dresdnerin die Rollenverteilung.

Nicht nur den Schauspielern und dem Publikum fällt das Talent der Neuberin auf, auch der Leipziger Literaturprofessor Johann Christoph Gottsched (1700-1766) findet Gefallen an der resoluten Dame und verhilft ihr zum Durchbruch. Beide teilen die gleichen Ansichten über den Zustand der Schauspielkunst und den schlechten Geschmack des Publikums. Sowohl der Praktikerin als auch dem Theoretiker stößt das Derbe und Dreiste auf. Peter Kümmel schreibt dazu in *Die Zeit*, Gottsched verachte das Stegreifspiel, die Zauber-, Opern- und Zirkuseffekte, und die Neuberin teile seine Verachtung. Gottsched nennt Friederike Neuber eine Frau, „die gewiss in der Vorstellungskunst keiner Französin oder Engelländerin etwas nachgibt". So verwundert es nicht, dass die beiden ins Geschäft kommen. Gottsched liefert hochwertige Übersetzungen vorwiegend französischer Stücke, und Friederike setzt diese entsprechend um. Kümmel führt dazu aus: „Es geht ihr, über das Bühnengeschehen hinaus, auch darum, die Ehrbarkeit des Theaters selbst zu demonstrieren. Die dargestellte edle Welt soll zurückleuchten auf die sich zur Schau stellenden Theaterkünstler." Sie selbst beschreibt es in ihrem *Entwurf auf was Weise zur Ehre und zum Vortheil der Stadt Hamburg eine wohlgerichtete Comedie unterhalten werden kann*: „Die Comedie ist bemüht den Unterschied der Tugend und der Laster anzuzeigen, und beyder nothwendige Folgen zu entdecken […]. Eine solche Vorstellung drückt sich mit der Zeit in die Gemüther ein, und macht allmählig ein Volk bescheidner und sittlicher. Die Tragedie gehet noch weiter. Sie bringet uns die erhabensten Begriffe von der Tugend bey […]. Sie erwecket eine Liebe zu der Obrigkeit, eine Hochachtung für die Gesetze, und eine Neigung zu der vernünftigen Freyheit."

Christine Fischer Auge in Auge mit Friederike Caroline Neuber.

Christine Fischer erklärt: „Friederike fordert damit, dass das deutsche Theater sich moralisch-sittlich orientieren sollte – lange bevor Schiller es tut." Wie sehr die Neuberin von der Richtigkeit ihres Weges überzeugt ist, unterstreicht der Entwurf ebenfalls: „Diese schreckliche Barbarey hat so lange gedauert, bis die Neubersche Gesellschaft, durch den Beystand verschiedener kluger und gelehrter Männer, diese Greuel verworfen und die Schaubühne von ihrem Unflate zu säubern angefangen."
Vom bisherigen obszönen Improvisationsspiel rund um die lustige Figur des Hanswursts grenzt sie sich bewusst ab in ihrer Posse *Der alte und der neue Geschmack*: *Halt halt, Herr Harlekin, dein Wurstel-Treiben / soll nicht mehr am Theater bleiben, / hiermit zerbrech ich Stab und Wort, / verbanne Dich von diesem Ort!*

Doch die so glücklich geknüpfte Verbindung mit Gottsched zerbricht 1739 nach neun Jahren. „Die Ansichten der beiden weichen weit voneinander ab", erklärt Christine Fischer, „trotzdem hält Friederike an ihren Prinzipien fest und versucht beharrlich, auch den Schauspielerstand als solchen aufzuwerten."
Zu dieser Zeit hat Friederike noch schwerwiegendere Sorgen als die Trennung von Gottsched: Zwar gehört die Neuber'sche Truppe zu den erfolgreichsten im deutschsprachigen Raum, dennoch ist der wirt-

schaftliche Erfolg nicht selbstverständlich: Sie muss immer auf eine Balance zwischen Kommerz und Kunstanspruch achten. Schließlich bevorzugt der Hof die italienische Oper und die Massen des Volks die deftige Kost. Dann gibt es endlich einen Hoffnungsschimmer: Die Truppe ist im Jahr 1740 an den Zarenhof in St. Petersburg eingeladen. Zarin Anna Iwanowna (1693-1740) ist derart begeistert von der schauspielerischen Leistung, dass sie die Mitglieder der Schauspieltruppe zu Hofschauspielern befördert. Doch die Freude darüber währt nur kurz. Die Zarin stirbt im Herbst desselben Jahres und damit endet für die Neuber'sche Truppe die Gunst des russischen Hofes auch schon wieder. Enttäuscht kehrt sie nach einem eisigen Winter im Frühjahr 1741 nach Deutschland zurück. Friederike Caroline Neuber schafft es, in Leipzig einen festen Spielort zu bekommen, doch der wirtschaftliche Erfolg stellt sich nicht ein, und so muss sie ihre Truppe schweren Herzens im Jahr 1743 auflösen.

„Aufgeben kommt für sie aber nicht infrage", beschreibt Christine Fischer diese Übergangsphase. „Schon ein Jahr später gründet die Neuberin eine neue Schauspielgesellschaft."
Und jetzt hat sie einen sehr treuen Zuschauer, der seinen Sitzplatz mit dem Übersetzen französischer Dramen bezahlt: Gotthold Ephraim Lessing (1729-1781). Er schreibt darüber: „Diese Mühe ward mir durch das dasige Theater, welches in sehr blühenden Umständen war, ungemein erleichtert, muss ich sagen, weil ich von demselben hundert wichtige Kleinigkeiten lernte, die ein dramatischer Dichter lernen muss." Kein Wunder, dass

Das Caroline-Neuber-Denkmal in Dresden-Laubegast.

Lessing sich traut, der Neuberin sein erstes Stück zum Lesen zu geben. Voller Freude berichtet er über ihre Reaktion: „Mit so vielen Verbesserungen unterdessen, als ich nur immer hatte anbringen können, kam mein *junger Gelehrter* in die Hände der Frau Neuber. Auch ihr Urteil verlangte ich; aber anstatt des Urteils erwies sie mir die Ehre, die sie sonst einem angehenden Komödienschreiber nicht leicht zu erweisen pflegte: sie ließ ihn aufführen." Somit kommt es dazu, dass die Neuberin im Jahr 1748 Lessings erstes Lustspiel *Der junge Gelehrte* uraufführt.

„Sie gibt jungen Talenten immer wieder eine Chance und fördert sie", lobt Christine Fischer und resümiert: „Damit schafft sie sich aber auch weitere Konkurrenz, die ihr zum Verhängnis wird." Die Einnahmen schwinden stetig, weil kaum noch Zuschauer kommen. Im Jahr 1750 dann steht Friederike vor dem endgültigen Aus, zwar ist die Neuberin noch immer eine Berühmtheit, wird auch 1753 noch einmal als Schauspielerin nach Wien eingeladen, doch auf die Beine kommt sie nicht mehr.

Drei Jahre später fallen die Truppen Friedrichs des Großen in Sachsen ein – was den Auftakt des Siebenjährigen Kriegs bedeutet und die Situation der Schauspieler erneut erschwert: „Die Komödianten können nicht mehr von Spielstätte zu Spielstätte ziehen, da sie jederzeit damit rechnen müssen, in Kampfhandlungen verstrickt zu werden", erklärt Christine Fischer.

Doch das Ehepaar Neuber hat Glück im Unglück. Beide kommen in Dresden bei dem kurfürstlich-königlichen Leibarzt Dr. Löber unter. Über diese Zeit schreibt Friederike an einen Freund: *Jetzund, bin ich die Neuberin und weder Lisgen noch Zayre, / Doch sticht mich noch der junge Geck, das Ouodlibet und die Satyre. Wovon mag doch der Wurm noch leben? Ich geb ihm weder Brod noch Wein, / Und von mir keine Nahrungssäfte, doch schleicht das Ungeziefer ein.*

Im Jahr 1759 stirbt ihr Mann, und als Dresden im Sommer 1760 von Preußen beschossen wird, flieht sie in das Dorf Laubegast an der Elbe. Dort findet die Neuberin bei einem einfachen Bauern Unterschlupf. Der Schriftsteller Johann Wilhelm von Archenholtz (1741-1812) schreibt in seinem Buch *Geschichte des Siebenjährigen Krieges* über die für Dresden so schlimmen Tage: „Das Feuer wütete entsetzlich in und außer der Stadt; viele der vornehmsten Straßen brannten von einem Ende zum anderen. Prächtige Paläste, die jede Stadt Europas geziert hätten, wurden ein Raub der Flammen. Wo man hinblickte, stürzten Häuser von vielen Stockwerken ein, die Sitze der Betriebsamkeit und des Wohlstandes. Oft wurden die armen Einwohner unter dem Schutt begraben, oder flohen und ließen alles im Stich."

Viel Zeit bleibt nicht mehr, bis der letzte Vorhang für die Wegbereiterin des Nationaltheaters fällt: Sie stirbt einsam und allein am 29. November 1760 um ein Uhr früh.

Ohne Trauerfeier, ohne jeglichen Glanz wird sie in einem einfachen Holzsarg beerdigt. 15 Jahre später würdigen Laubegaster Bürger ihr Lebenswerk mit einem Denkmal, das die Inschrift trägt: *Dem verdienten Andenken einer Frau voll männlichen Geistes, der berühmtesten Schauspielerin ihrer Zeit, der Urheberin des guten Geschmacks auf der teutschen Bühne.*

Melanie Kunze

Erinnerungsort:

In Dresden-Laubegast, der letzten Station ihrer Reise, wurde posthum ein Denkmal für Friederike Caroline Neuber gesetzt. Neben einer würdigenden Inschrift ihres Lebenswerks ist dort auch eine plastische Büste von ihr abgebildet.

Schloss Rochlitz war von 1537 bis 1547 Lebensmittelpunkt der Elisabeth von Hessen.

Elisabeth von Rochlitz (1502–1557)

Spionin mit Geheimschrift
Eine Schlüsselfigur der Reformation

„Darzu kom, das man Euer Lieb den Hals wolle abstechen." Um zu erfahren, dass diese beängstigende Botschaft hinter den Schnörkeln und Kringeln steckt, die das Papier zieren, braucht man eine Expertin wie Dr. habil. Anne-Simone Rous. Sie hat im Rahmen ihrer Habilitation am Forschungszentrum Gotha der Universität Erfurt die Geheimschrift entschlüsselt und die zahlreichen Briefe übersetzt. Sie weiß: Die Verfasserin dieser beunruhigenden Zeilen, Elisabeth von Rochlitz, ist einst in Dresden Herzogin gewesen.

Als älteste Tochter des hessischen Landgrafen 1502 geboren, wird sie als Dreijährige per „Eheabredung" dem nur zwei Jahre älteren Herzog Johann von Sachsen versprochen. Die Vermählung findet 1515 statt, da ist Elisabeth 13 Jahre alt. Erst zwei Jahre später zieht die 15-Jährige an den Dresdner Hof. Das ist am 11. November, und zwei Wochen vorher hat ein gewisser Martin Luther seine Thesen in Wittenberg veröffentlicht – was auf ihr Leben großen Einfluss nehmen wird.

Am Dresdner Hof fühlt sich die junge Elisabeth, die eine recht fröhliche und freie Kindheit verlebt hat, zunächst überhaupt nicht wohl. Ihr Schwiegervater, Herzog Georg, erweist sich als außerordentlich streng und autoritär, das Leben bei Hofe ist steif. All das kann Elisabeth in ihrer lebensfrohen Art jedoch nicht einschüchtern. Vielmehr weckt es ihren Widerspruchsgeist – noch ein Grund mehr, sie schief anzuschauen. Gar zu lebhaft ist diese junge Frau nach dem Geschmack des Hofes, pflegt obendrein Umgang mit dem Personal! „Man warf ihr vor, ihren Glauben nicht ernst zu nehmen, auch die Kinderlosigkeit wurde ihr vorgeworfen, und als sie sich dann auch noch offen zu Luthers Lehre bekannte, hatte sie sich endgültig die Missgunst des Hofes zugezogen", schildert Anne-Simone Rous. Zuvor hatte Elisabeth noch versucht, bei ihrem erzkatholischen Schwiegervater um Verständnis zu werben. „Sie wollte, dass er sich das mal anhört und sich öffnet für den neuen Glauben, das hat er aber überhaupt nie gemacht." Der Hof steht Elisabeth feindselig gegenüber, triezt sie, wo es nur geht. „Obendrein gab es auch noch politische Auseinandersetzungen zwischen ihrem Schwiegervater und ihrem Bruder Philipp von Hessen, in denen sie immer wieder versuchte zu vermitteln", erzählt die Historikerin.

Vorübergehend entspannt sich die Situation zwischen Elisabeth und ihrem Schwiegervater. Selbst kinderlos, darf sie sogar den albertinischen Prinzen Moritz erziehen. Er wird später zu einem der bedeutendsten sächsischen Kurfürsten, baut unter anderem Schloss Moritzburg und das Dresdner Schloss um, und Elisabeth hat seinen Charakter wesentlich mitgeprägt. Doch dann wird sie 1537, im Alter von 34 Jahren, Witwe. Nun steht die junge Frau völlig allein in einem

„Ich finde es schade, dass diese Frau und ihre Bedeutung für Dresden so untergegangen sind. Sie war wirklich etwas ganz Besonderes."

feindlichen Umfeld. „Sie musste Dresden verlassen und auf ihren Witwensitz gehen – und das ist Rochlitz, genau zwischen Dresden, Leipzig und Chemnitz gelegen", erzählt Anne-Simone Rous die Geschichte weiter.

Elisabeths erste Amtshandlung ist die Einführung der Reformation. Dabei lässt sie Andersgläubigen zwar Glaubensfreiheit, als sie erfährt, dass ihr Ziehsohn Moritz auf die Seite des katholischen Kaisers gewechselt ist, bricht für sie aber dennoch eine Welt zusammen. „Der Graben zwischen den Konfessionen war unglaublich tief, ein Krieg schien unvermeidlich", schildert Anne-Simone Rous die Situation. Elisabeth versucht bis zur letzten Sekunde zu vermitteln, vergebens. Wenigstens will sie alles tun, um den Krieg zu verkürzen. „Von ihrem Wittum Rochlitz aus hat sie ein richtiges Nachrichtenzentrum aufgebaut und Protestanten geholfen", sagt die Wissenschaftlerin. Damit die Nachrichten nicht in falsche (das heißt, in Moritz') Hände geraten, entwickelt sie eine Geheimschrift.

Sie ist die einzige Frau im Schmalkaldischen Bund, dem Verteidigungsbündnis protestantischer Fürsten, der 1531 in Schmalkalden geschlossen wurde. Diese Mitgliedschaft hat mit ihrem Bruder, Landgraf Philipp I. von Hessen (1504-1567), zu tun: „Sachsen war ja damals ein geteiltes Land: Hier in Dresden regierten die Albertiner, der andere Familienzweig waren die Ernestiner in Thüringen. Elisabeths Bruder arbeitete eng mit den Ernestinern zusammen, war also ein Gegner der Dresdner. Ihr Bruder und der sächsische Kurfürst, ein Ernestiner, waren die Hauptleute des

Elisabeth von Sachsen („Herzogin von Rochlitz") auf einem Gemälde von Lucas Cranach d. Ä., 1534.

Schmalkaldischen Bunds", erläutert die Historikerin die Zusammenhänge. „Und für ebenjene beiden hat sie die Geheimschrift entwickelt, in der sie als Spionin zum Beispiel darüber informierte, wann und wohin die Katholiken im Schmalkaldischen Krieg 1546 ihre Truppen bewegten, wie viel Munition und wie viel Proviant vorhanden ist." Elisabeth habe Unterstützer gehabt, die sich umhören und beobachten sollten und die ihr zum Beispiel mitteilten, wo die gegnerischen Truppen gesichtet wurden.

Die Historikerin zollt Elisabeth Respekt: „Das Ganze war – auch nach heutigen Maßstäben – schon recht professionell und auf sehr hohem Niveau aufgezogen." Die Geheimschrift der Elisabeth von Rochlitz hat sie im Rahmen ihrer Forschungsarbeit entschlüsselt. „Im Grunde funktioniert sie ganz simpel, wenn man sie einmal durchschaut hat", versichert Anne-Simone Rous. „Und ich konnte auch auf die Ergebnisse von Elisabeth Werl zurückgreifen: Sie hat in den 1930er-Jahren zu Elisabeth von Rochlitz geforscht und auch schon angefangen zu übersetzen, konnte wegen des Kriegs ihre Arbeit aber nicht publizieren. Anhand dieser Übersetzungen konnte ich den Schlüssel schnell erstellen." Sie erklärt: „Ein A ist zum Beispiel ein Viereck mit einem Punkt in der Mitte. Sonst sind es ein paar astronomische, ein paar griechische Zeichen, ergänzt mit Fantasiesymbolen." Anne-Simone Rous zeigt ein Beispiel, wie Elisabeth die beiden Männer vor Mord warnte: „Euer Lieb hat groß Verräterei in seinem Lager. Mögen derweil Euer Lieb ihre Sachen wohl in guter Acht haben."

Anne-Simone Rous steht vor der Kreuzkirche. Hier wurde 1539 der erste protestantische Gottesdienst in Dresden gefeiert. Möglicherweise war Elisabeth dafür aus Rochlitz angereist.

Die Historikerin unterstreicht, wie gefährlich Elisabeth von Rochlitz' Aktivitäten waren: „Sie war ja eine Spionin, und auf Spionage standen Festungshaft oder auch die Todesstrafe."

Schließlich, als der Schmalkaldische Bund den Krieg verliert, muss Elisabeth die Rochlitzer Residenz aufgeben und zu ihrem Bruder nach Hessen fliehen. Moritz bestraft sie zunächst, versöhnt sich dann aber wieder mit ihr. „Als er starb, erblindete sie vor Schmerz zwei Monate lang. In Elisabeths Leben findet sich wie in einem Brennglas die ganze Reformationsgeschichte", fasst die Wissenschaftlerin zusammen und sagt: „Ich finde es schade, dass diese Frau und ihre Bedeutung für Dresden so untergegangen sind. Sie war wirklich etwas ganz Besonderes." Und Elisabeth Werl urteilt in der *Neuen Deutschen Biographie*: „E. war eine wachsame Hüterin evangelischer Frömmigkeit und [...] eine der einflußreichsten evangelischen Fürstinnen der Reformationszeit."

Eva-Maria Bast

....
Wittum:

Nach dem Tod ihres Gatten zog sich Elisabeth von Rochlitz auf ihr Wittum zurück. Laut Duden ist ein Wittum im germanischen Recht eine „Vermögensleistung des Bräutigams an die Braut bei der Eheschließung [zugleich zum Zwecke der Versorgung der Witwe]". Das Wittum der Elisabeth von Rochlitz umfasste Schloss und Stadt Rochlitz, Mittweida und Geithain sowie das Amt Kriebstein mit Waldheim und Hartha.

Gurkenmilch und Wangenrot
Das Lebenswerk zweier Schwestern

*G*egen jedes Zipperlein ist ein Kräutlein gewachsen. Diese Weisheit verinnerlicht Charlotte Meentzen bereits, als sie noch in den Kinderschuhen steckt. Gemeinsam mit ihrer Schwester Gertrude (1901-1985) verbringt sie viel Zeit auf dem Bauernhof ihrer Großmutter, die in den beiden Mädchen die Liebe zur Natur weckt und ihnen darüber hinaus die Wirkstoffe der verschiedenen Pflanzen erklärt. Damit legt sie den Grundstein für das Lebenswerk des Schwesternpaars.

Für ihre Ausbildung als Heilpraktikerin geht die am 12. Juni 1904 in Leipzig geborene Bertha Emilie Charlotte Meentzen in die Schweiz. Zurück kehrt sie mit einer ehrgeizigen Idee: Sie will sich mit einer eigenen Kosmetikfirma selbstständig machen. Mit finanzieller Unterstützung ihrer Familie – ihr Vater leitet eine Chemiefabrik – kann Charlotte ihren Traum wahrmachen: 1930 gründet sie in Dresden die Firma und Produktionsstätte „Charlotte Meentzen Heilkräuter Kosmetik" sowie eine Schule und ein Institut für Naturkosmetik, in dem sie kosmetische Behandlungen anbietet und die eigenen Erzeugnisse vertreibt.

Dafür hat sie auch schon die passende Produktpalette im Gepäck: Neben Lindenblütencreme, Lavendelwasser, Blütenstaubpulver und einer aus Honig und Orangen hergestellten Reinigungsmilch gehört Wangenrot zu den Ur-Rezepten, die Charlotte alle selbst entwickelt hat. „Mit gerade einmal 26 Jahren, in diesem jungen Alter, noch dazu als unverheiratete Frau – das war schon außergewöhnlich für diese Zeit", kommentiert Dr. Alexandra-Kathrin Stanislaw-Kemenah. Die Historikerin

Charlotte Meentzen machte sich mit der Entwicklung von Naturkosmetik einen Namen.

und Gleichstellungsbeauftragte der Stadt Dresden hat sich im Rahmen einer Publikation zur Firmengeschichte eingehend mit Charlotte Meentzen beschäftigt.

Nicht ohne Grund fällt die Wahl für die Firmenniederlassung auf die Stadt an der Elbe. „Schon seit dem 19. Jahrhundert war Dresden eine Hochburg für das Thema Naturheilkunde, an diese Tradition knüpft Charlotte mit ihrem Kosmetikinstitut quasi an", erläutert die Historikerin. „Darüber hinaus, das darf man auch nicht vergessen, war Dresden mit dem abgedankten Königshaus und den Adelskreisen nach wie vor der Sitz der Hautevolee." Charlottes Produkte zählen nicht zur preisgünstigsten Variante, daher ist sie auf eine zahlungskräftige Klientel angewiesen. Und die ist um 1930 rar gesät. „In einer Zeit, die durch die Weltwirtschaftskrise und politische Unzufriedenheit geprägt wird, auf die Idee zu kommen, ein solches Unternehmen zu gründen, das ist schon ganz schön mutig", findet Alexandra-Kathrin Stanislaw-Kemenah. Diese Schwierigkeiten scheinen Charlotte bewusst zu sein, denn sie lässt sich mit ihrer Firma nicht irgendwo in Dresden nieder, sondern in der Prager Straße 44. In dieser Prachtstraße spielt sich das Leben ab, hier befinden sich die renommierten Geschäfte, hier geht die gutsituierte Bevölkerungsschicht einkaufen.

Alexandra-Kathrin Stanislaw-Kemenah steht vor der Villa, in die Gertrude Seltmann-Meentzen nach dem Krieg mit ihrem Unternehmen einzog.

Obwohl das Unternehmen ihren Namen trägt, führt sie es nicht allein. Ihre Schwester Gertrude sitzt von Anfang an mit im Boot. Während Charlotte als kreative Ideengeberin fungiert, übernimmt Gertrude den kaufmännischen Part. „Gertrude hatte die Zahlen im Blick und sozusagen auch den Finger auf dem Geld, denn Charlotte war wohl auch ein sehr extrovertierter Typ. Sie hat nicht unbedingt in Luxus geschwelgt, aber das Leben schon sehr genossen und ging auch gerne mal feiern", führt die Gleichstellungsbeauftragte aus.

Als lebensfrohe und berufstätige Frau, die sich nicht in die gesellschaftlich vorgezeichnete Rolle als Hausfrau und Mutter fügen will, gibt sich Charlotte als Kind der Goldenen Zwanziger zu erkennen. Nicht nur ihr Wille zur Eigenständigkeit ist bezeichnend, sondern auch, dass sie sich ausgerechnet der Kosmetik widmet, ist das Schminken doch lange Zeit verpönt, weil Prostituierten vorbehalten gewesen. Diese neue Weiblichkeit stößt wenige Jahre nach Charlottes Firmengründung auf rigorose Ablehnung. Mit der Machtübernahme der Nationalsozialisten kehren die Rollenbilder zu einer konservativen Aufgabenverteilung zurück, die ideale Frau findet in der Mutterschaft ihr Glück. Schönheit spielt durchaus eine Rolle, aber nicht in Form von Lippenstift und Puder, sondern als Ergebnis einer natürlichen, sprich gesunden Lebensführung.

„Mit gerade einmal 26 Jahren, in diesem jungen Alter, noch dazu als unverheiratete Frau – das war schon außergewöhnlich für diese Zeit."

Charlottes Konzept der Naturkosmetik bildet dazu keinen Gegensatz. Auch in ihrem Verständnis kommt Schönheit nicht von außen, sondern von innen, und funktioniert nicht ohne Gesundheit. Dieser ganzheitliche Ansatz schließt Faktoren wie Bewegung und Ernährung mit ein. In ihrem Buch *Heilkräuter im Dienste der Schönheit – ein Ratgeber für natürliche Schönheitspflege* spricht sie daher dazu ebenfalls Empfehlungen aus, außerdem finden sich Rezepte, die auch für den schmaleren Geldbeutel geeignet sind. „Das Buch hat sie 1940 geschrieben, da war die Situation schon wieder eine ganz andere", gibt Alexandra-Kathrin Stanislaw-Kemenah zu bedenken. „Da war bereits Krieg, da gab es schon Belastungen." Dass Charlotte überhaupt in der NS-Zeit publizieren durfte, sei zudem nicht selbstverständlich gewesen. „Das musste verschiedene Stadien durchlaufen, man musste auch einen gewissen Duktus verwenden", so die Historikerin. Auch bei Charlotte finden sich entsprechende Formulierungen. „Sie schreibt zum Beispiel, dass die Schönheit aus dem Inneren einer Mutter ströme, und propagiert die deutsche Mutterschaft als das hehrste Ziel einer Frau", berichtet Alexandra-Kathrin Stanislaw-Kemenah. „Und sie spricht natürlich vor allem die deutschen Heilkräuter an", fügt sie ergänzend hinzu. „Ich denke, das wird auch einfach dem Druck der Publikation geschuldet gewesen sein, dass Charlotte sich überlegt hat: Wie muss ich mein Buch aufbauen, damit es bei der Zensur durchkommt? Trotzdem hält sie mit ihrem Wissen, ihrer Meinung und ihrer Fachkompetenz aber nicht hinterm Berg." Das Erscheinen ihres Werks im Jahr 1941 wird die Pionierin in Sachen Naturkosmetik nicht mehr erleben.

Wenn sie sich in diesem Punkt auch dem Regime gebeugt haben sollte, in anderer Hinsicht tritt Charlotte äußerst selbstbewusst auf. Ihr ganzes Leben lang bleibt sie ledig, denn eine Heirat hätte zur damaligen Zeit zur Folge gehabt, dass sie die Erlaubnis ihres Ehemannes hätte einholen müssen, um ein eigenes Unternehmen führen zu dürfen. Das bedeutet jedoch nicht, dass es in ihrem Leben keine Männer gibt. So geht sie eine Liebesbeziehung mit einem verheirateten Apotheker ein – und wird schwanger. 1940 kommt ihr Sohn Geert-Dietrich zur Welt, kurz darauf stirbt Charlotte am 26. Februar an den Folgen der Geburt. „Manche sagen, es sei wohl eine Bauchfellentzündung, andere, die medizinische Versorgung sei unsachgemäß gewesen, darüber gibt es keine Aufzeichnungen mehr", erzählt Alexandra-Kathrin Stanislaw-Kemenah.

Charlotte Meentzen vor einem Werbeschild für ihre Heilkräuter-Kosmetik.

Nach Charlottes Tod führt Gertrude, verheiratete Seltmann-Meentzen, die Firma weiter. Ihre eigene Persönlichkeit stellt die im Vergleich mit Charlotte eher stille und introvertierte Frau völlig hinter der ihrer verstorbenen Schwester zurück. Um die Firma nach außen zu repräsentieren, unterschreibt sie sogar Dokumente und Zeugnisse mit Charlottes Namen.

Selbst 1945, als die Prager Straße infolge des Kriegs in Schutt und Asche liegt, verliert Gertrude nicht den Mut. Im Gegenteil: Sie kämpft mit allen Mitteln um das Überleben der Firma. Quasi mit den eigenen Händen gräbt sie in den Trümmern nach den Maschinen aus dem Institut. „Der Wiederaufbau muss zäh gewesen sein, denn wer dachte in den Nachkriegsjahren schon an Kosmetik oder Schönheit? Zudem hatte Gertrude selbst zwei kleine Kinder und war nach dem Krieg verwitwet", überlegt die Historikerin. Doch schon ab 1946 kann Gertrude die Firma schrittweise wiederaufbauen und die „Schule für Natürliche Kosmetik" neu gründen. „Auch wenn Charlotte möglicherweise die Initiatorin war und ihr Name bis heute präsent ist – ohne Gertrude gäbe es das Unternehmen heute nicht", ist Alexandra-Kathrin Stanislaw-Kemenah überzeugt. So wie Schönheit nur in Verbindung mit Gesundheit entsteht, die Pflege des Äußeren nicht ohne die Pflege des Inneren auskommt – so gehörte auch die große Schwester zur kleinen, Gertrude zu Charlotte.

Elena de F. Oliveira

So ging es weiter:

Trotz der hohen Abwanderung größerer Unternehmen in den Westen bleibt die Firma Meentzen nach dem Krieg in Dresden. 1972 werden die Familien Meentzen und Seltmann enteignet und der Betrieb unter dem Namen „VEB Kräutervital-Kosmetik Dresden" in Volkseigentum überführt. 1990 erfolgt die Reprivatisierung, Neugründung und Rückkehr Charlottes in den Firmennamen. Die Söhne der beiden Meentzen-Schwestern und Gertrudes Enkel bauen die „Charlotte Meentzen Kräutervital-Kosmetik GmbH" wieder auf. 2020 feiert das Unternehmen 90-jähriges Bestehen.

Hinter Gittern
Die Frau, der kein Glück beschieden war

*D*ie 31-Jährige versucht, ihrem Leben gewaltsam ein Ende zu setzen: Man will sie zurück nach Sachsen, nach Dresden, bringen, um sie als Ehebrecherin ihrer Strafe zuzuführen. Anna hat furchtbare Angst und sieht nur im Suizid einen Ausweg. Doch der Selbstmordversuch missglückt, die junge Frau wird am 19. Dezember 1575 gewaltsam in einen Wagen gesteckt und über Zeitz nach Dresden gebracht. Ihre Befürchtungen, dass sie dort nicht gut behandelt wird, bewahrheiten sich: Ihre eigenen Verwandten stecken sie in einem abgeschiedenen Winkel des Dresdner Schlosses in ein Zimmer und vermauern ihre Fenster. Die Tür wird versperrt, nur ein viereckiges Loch herausgeschnitten – das man allerdings ob der Fluchtgefahr vergittert. Die arme Anna hat keine Chance zu fliehen, zumal sich draußen vor der Tür noch ein weiteres Gitter befindet und obendrein Wächter abgestellt werden, die sie Tag und Nacht im Auge behalten sollen. Nach knappen eineinhalb Jahren Gefangenschaft stirbt Anna am 18. Dezember 1577. Nicht einmal ihren Namen schreibt man auf ihr Grab.

Dabei hat ihre Kindheit so glücklich angefangen: Ihre Mutter Agnes von Hessen (1527-1555) verzärtelt und verwöhnt ihr Töchterlein und überschüttet es nur so mit Liebe. Doch 1553 stirbt ihr Vater, Kurfürst Moritz von Sachsen (1521-1553). Ihre Mutter heiratet erneut und zieht mit ihrer Tochter nach Weimar, wo sie kurz darauf unter mysteriösen Umständen ebenfalls das Zeitliche segnet. Anna ist nun Vollwaise und zieht aus Weimar an den Dresdner Hof, dort fühlt sich das intelligente und feinfühlige Mädchen einsam und verlassen und gerät schnell in den Ruf, stolz, trotzig und stur zu sein. Diejenigen, die ihr eigentlich die Eltern ersetzen sollen, der

Anna von Sachsen (um 1566). Kupferstich von Abraham de Bruyn.

jüngere Bruder von Annas Vater Moritz und dessen Gattin, Anna von Dänemark (1532-1585), behandeln das Mädchen abweisend und schlecht – sie werden es auch sein, die Anna später gefangen setzen und ihr den Tod wünschen.

Ungewollt und ungeliebt in ihrer neuen Heimat, zieht das einsame junge Mädchen andererseits viel Interesse auf sich: Sie ist eine gute Partie, die reichste Erbin Deutschlands mit Fürstentitel, und so interessieren sich auch zahlreiche junge Männer für ihre Hand, unter ihnen Wilhelm von Oranien (1533-1584), Führer des niederländischen Unabhängigkeitskriegs gegen Spanien, der in Geldnöten ist – was dazu führt, dass Annas Großvater, Philipp der Großmütige von Hessen (1504-1567), von der Verlobung so gar nichts hält. Außerdem sei der Auserwählte nicht standesgemäß. Kurfürst August und seine Gattin Anna sind hingegen sehr angetan von Wilhelm – Anna wohl vor allem wegen seines guten Aussehens, aber auch wegen seines protestantischen Glaubens: Philipp kann die Hochzeit zwar um rund ein Jahr verzögern, aber nicht verhindern: Am 24. August 1561 treten Wilhelm und Anna vor den Traualtar, eine Woche später reisen die beiden nach Breda in Wilhelms niederländische Heimat.

Die Ehe ist buchstäblich von der ersten Sekunde an unglücklich, Wilhelm beklagt sich bei Annas Onkel August hinsichtlich ihres „zänkischen Wesens". Der ermahnt seine Nichte per Brief, mit ihrem Gatten etwas freundlicher umzugehen. Nach außen hin versucht das junge Paar, seine Eheprobleme eher zu vertuschen, doch die Spannungen sprechen sich herum und sind spätestens 1565 an allen Höfen Deutschlands und den Niederlanden bekannt. Ein Jahr später stirbt Annas Sohn Moritz, was die junge Frau nicht verkraftet, zumal auch ihr erstes Kind, ein Mädchen, nur wenige Tage gelebt hat: Sie leidet unter schweren Depressionen, die sie mit Alkohol zu ertränken sucht, und auch Selbstmordgedanken bleiben nicht aus. Nicht einmal ihre kleine, gesunde Tochter, das einzige ihrer drei Kinder, das am Leben geblieben ist, kann sie trösten. 1567 muss Wilhelm die Niederlande verlassen, da er durch seine Widersetzung der Verfolgung der Protestanten zum Hauptfeind des spanischen Königs Philipp II. (1527-1598), Landesherr über die Niederlande, avanciert. Er zieht mit seiner Frau nach Dillenburg, wo Anna erneut Mutterglück beschieden ist: Am 14.

November 1567 wird ihr wieder ein Sohn geboren. Im August 1568 verlässt Wilhelm Dillenburg, um seinen Krieg gegen Spanien fortzusetzen. Anna, die in Dillenburg sehr unglücklich ist und sich überhaupt nicht mit der dort lebenden Schwiegermutter Juliane Gräfin zu Stolberg (1506-1580) versteht, verlässt im September 1568 ohne ihre Kinder, aber mit ihrem Hofstaat Dillenburg und zieht nach Köln, wo im April 1569 ihre Tochter Emilia geboren wird. Ihre Kinder kann sie erst nach einem langwierigen Kampf mit ihrer Schwiegermutter Juliane wieder in die Arme schließen.

Von ihrem neuen Zuhause aus stellt sie auch Ansprüche auf ihr Wittum: Ihr Gatte bleibt im Feldzug gegen den spanischen Herzog von Alba (1507-1582) glücklos, weshalb Wilhelm nach Frankreich geht, um die Hugenotten zu unterstützen – für seine Frau sorgen kann er nicht, ihr Wittum ist vom Herzog beschlagnahmt. Anna überlegt, wie sie an Unterstützung kommen kann, und hat zwei Ideen: beim Herzog von Alba darum zu bitten, dass man ihr ihre Güter doch zurückgeben möge, oder von Wilhelms Brüdern zu fordern, ihr ihre jährliche Leibrente in Höhe von 12.000 Gulden auszuzahlen. Das war im Ehevertrag so festgelegt worden. Eine ausgesprochen teure Variante für die angeheiratete Verwandtschaft, um die sie kämpfen muss.

Dieser Kampf führt sie zu dem Advokaten Jan Rubens (1530-1587) – er ist der Vater des berühmten Malers –, der ebenfalls in Köln lebt und Klage wegen Annas Gütern einreicht, die in den Niederlanden eingezogen worden sind. Ihren Gatten sieht sie erst im Mai 1570 in Butzbach wieder, im Januar 1571 besucht sie ihn in Dillenburg, immer noch auf ein Einvernehmen und eine gemeinsame Zukunft hoffend. Doch Wilhelm hat ganz andere Pläne: Zu jener Zeit bereitet er schon die Trennung und eine Klage wegen Ehebruchs gegen Anna vor. Man unterstellt ihr eine Affäre mit Jan Rubens. Dieser wird im März 1571 verhaftet und so lange gefoltert, bis er unter Qualen gesteht. Auch Anna wird unter Druck gesetzt: Sollte sie nicht geständig sein, werde man Rubens töten. Also tut Anna, wie ihr geheißen, am 26. März 1571 gesteht sie ihre Schuld, und als am 22. August 1571 ihre Tochter Christine geboren wird, behauptet Wilhelm, das Mädchen sei nicht sein Kind. Das Urteil: Wilhelm muss Anna keinen Unterhalt zahlen, wogegen sie vor dem Reichskammergericht Widerspruch einlegt.

Anna von Sachsen ist nur noch von Feinden umgeben: Man bringt sie 1572 gemeinsam mit ihrer jüngsten Tochter ins Beilsteiner Schloss, um sie dort festzusetzen. Drei Jahre später trennt man sie von der kleinen Christine. Derweil kämpft Annas Verwandtschaft, wie es scheint, für sie, de facto geht es aber nur ums Geld: Da noch vor der Scheidung der Ehe bekannt wird, dass sich Wilhelm von Oranien erneut zu verheiraten gedenkt, wünscht Annas Verwandtschaft, dass deren Mitgift sofort zurückgegeben und Anna außerdem nach Sachsen ausgeliefert wird. Der Auslieferung stimmt Wilhelm zu, ist es doch eine willkommene Gelegenheit, die ungeliebte Exfrau loszuwerden.
Doch die erzwungene, oder besser: gewaltsame Heimkehr zu ihren Verwandten bringt für Anna keine Verbesserung, im Gegenteil. Sie wird in einen abgelegenen Flügel des Dresdner Schlosses gebracht, vor ihrem Zimmer befinden sich Wächter. Immerhin: „Am Heiligabend 1576 wurde ein Inventar der Sachen von Anna aufgestellt, die in einem extra Wagen hierher gebracht worden waren. Diesen kläglichen Besitz, der in sechs Kasten und Laden Platz fand, wozu noch fünf Teppiche kamen, gab man ihr dann mit in das Gefängnis", schreibt Hans-Joachim Böttcher, der auch ein Buch über Anna verfasst hat, in der *Sachsen-Lese*. Der Autor bezeichnet die Haftbedingungen als „unmenschlich" und berichtet, dass Geistliche Anna durch die Gittertür Nahrung reichen und ihr ins Gewissen reden. Ihr Onkel August beschreibt das in einem Brief ganz freimütig so, dass „teglich durch ein fensterlein do ir die speys und tranck gereicht werde. Ihrer begangenen sünde mit Vleis erinnere." Eigentlich wünscht die Verwandtschaft ja nur ihren Tod herbei und macht daraus auch kein Geheimnis: Die Kurfürstin bedauert in einem Brief: „[…] die lebet leider noch, wieweil je besser, sie were vorlengst seligklich gestorben."
Die einzigen Menschen, die Anna in ihrem Gefängnis zu sehen bekommt, sind die Wächter und die Theologen, möglicherweise, schreibt Böttcher, hätten sich gelegentlich zwei Frauen im Vorzimmer ihres Gefängnisses befunden. Die Theologen können bei Anna allerdings nicht allzu viel ausrichten: Sie fühle sich nicht schuldig, erklärt sie, trotz ihrer misslichen Lage durchaus selbstbewusst. Ihre einzige Sünde sei gewesen, den „sodomistischen Bupen" zu ehelichen. Bei dem Gespräch regt sich Anna sehr auf, am Folgetag liegt sie geschwächt im

Bett, ist höflich zu den Geistlichen, bedankt sich sogar, was bei ihren Besuchern Mitleid erregt und dazu führt, dass die Geistlichen bei ihrem Bericht an August erklären, dass es der Prinzessin gar nicht gut gehe und sie an einer weiblichen Unterleibskrankheit leide. „Die Geistlichen baten darum den Kurfürsten, dass er die Prinzessin doch mit einer besseren Aufwartung versehen und ihr ein altes treues Weib zur Betreuung geben möge", schreibt Böttcher. Bei einem erneuten Besuch eine Woche später habe sie erneut das Sakrament abgelehnt, ebenso wie das Beten des Vaterunsers, da sie ihren Feinden nicht vergeben könne und wolle. Anna fühlt sich von den Geistlichen provoziert, regt sich furchtbar auf, beschimpft die Geistlichen als „heuchlerische Pfaffen". Die ergreifen schließlich die Flucht und erklären in ihrem Bericht, die Prinzessin sei nicht bei sich. Ihr Onkel gibt ein Gutachten in Auftrag, das die Kurfürstlichen Räte abgeben, ohne Anna wirklich aufgesucht zu haben. Wie Böttcher schreibt, stützen sie sich dabei auf Aussagen Dritter: „Laut diesem Dokument habe sie ungereimte Vorstellungen und rede vor Männern Dinge, wie es eine vernünftige Frau nicht tue. Auch spreche sie schlecht von ihren Kindern, wie auch über den Kaiser. Das Resümee der Herren war, dass bei aller ihr zugemessener Bosheit solche Sachen von keinem rechtsinnigen Menschen vorgebracht werden könnten. Sie sei also ‚im Kopf verrückt', da die Bosheit eine Melancholie oder Zerrüttung des Hauptes bei ihr verursacht habe."

Wenige Tage später stirbt Anna. Einsam, allein und verlassen in ihrem vermauerten Gefängnis. Um dann bestattet zu werden – in einem namenlosen Grab.

Eva-Maria Bast

....
Erinnerungsort:

Seit 2017 ist Annas Grab im Dom von Meißen gekennzeichnet – dort können Besucher der unglücklichen und ungeliebten Frau somit die letzte Ehre erweisen.

Schön – klug – weggesperrt
Schicksalsjahre einer Reichsgräfin

Am 7. Dezember 1704 kommt es in Dresden zu einer folgenreichen Begegnung. Dieser voraus geht zunächst ein großflächiger Brand in der Innenstadt: Auch das Palais des Finanzministers Adolph Magnus von Hoym (1668-1723) steht in Flammen. Der sächsische Kurfürst August der Starke (1670-1733) eilt herbei, um das Geschehen in Augenschein zu nehmen. Und ihm gefällt, was er zu sehen bekommt – nicht etwa die brennende Heimstatt seines Ministers, sondern dessen Ehefrau. Die Hausherrin hat sich bereits für den Abend hergerichtet, in vollem Ornat koordiniert sie die Eimerkette und hilft tatkräftig mit, den Brand unter Kontrolle zu bekommen. Der Kurfürst ist schlagartig völlig eingenommen von der zehn Jahre jüngeren Frau und lädt sie in seine Kutsche ein. So treffen sie sich zum ersten Mal, August der Starke und seine berühmteste Mätresse – Anna Constantia von Cosel. „Diese Version ihres Kennenlernens wird als wahr angenommen", weiß Claudia Friedemann. Schon seit sie als Kind zum ersten Mal Dresden besuchte, war die Diplomhistorikerin vom „sächsischen Märchenkönig" fasziniert. Bei der weiteren Beschäftigung mit August in späteren Jahren stieß sie auf Anna Constantia, eine Frauenfigur, die sie seither nicht mehr losgelassen hat. „Das Schicksal, das sie erlitten hat, ist doch sehr beeindruckend", findet Claudia Friedemann und deutet damit bereits an, dass es mit „der Cosel" kein gutes Ende nehmen wird.

All dies kann noch niemand vorhersehen, als Anna Constantia von Brockdorff am 17. Oktober 1680 auf dem holsteinischen Rittergut Depenau zur Welt kommt. Dort wächst sie in adeligen, jedoch armen Verhältnissen auf. Ihr Vater steht als Obrist in militärischen Diensten, ihre Mutter ist eine Kauf-

Anna Constantia von Cosel hatte ein so aufregendes wie tragisches Schicksal.

mannstochter aus altem Adelsgeschlecht, entsprechend zweigeteilt sind die Schwerpunkte ihrer Erziehung. Während Anna Constantia von ihrem Vater mehr oder weniger wie ein Junge erzogen und mit auf die Jagd genommen wird, unterweist ihre Mutter sie in der Wirtschafts- und Haushaltsführung, unter anderem im Bierbrauen. „Sie sprach mehrere Sprachen, konnte lesen, schreiben und rechnen, aber auch reiten, fechten und schießen", vermittelt Claudia Friedemann einen Eindruck von deren Fähigkeiten.

Sobald Constantia alt genug ist, soll sie das elterliche Gut verlassen, das höfische Leben kennenlernen und sich die entsprechende Etikette aneignen. 1694 wird sie Hoffräulein der Herzogstochter Sophie Amalie (1617-1710) auf Schloss Gottorf. Als diese durch Heirat an den Hof von Braunschweig-Wolfenbüttel zieht, nimmt sie Anna Constantia mit sich. Dort entwickelt diese sich zu einer anmutigen jungen Frau, die viele bewundernde Blicke erntet. Gabriele Hoffmann beschreibt sie in der Doppelbiografie *Constantia von Cosel und August der Starke: Die Geschichte einer Mätresse* folgendermaßen: „Sie hat ein längliches Gesicht, eine zierliche Nase, einen kleinen Mund, prachtvolle Zähne und große schwarze Augen. Ihre Gesichtszüge sind weich, ihr Lächeln bezaubert und geht zu Herzen. Sie hat schwarzes Haar und einen weißen Teint, man rühmt ihren wunderbaren Busen, ihre formvollendeten Hände und Arme und den herrlichen Hals." Doch bewahrt ihre Schönheit sie nicht vor Skandalen, ihr Leben als Hofdame findet 1702 ein jähes Ende: Anna Constantia ist schwanger und muss zurück zu ihren Eltern nach Depenau. „Wer der Vater war und wo das Kind geblieben ist, weiß heute keiner zu sagen, darüber wurde Stillschweigen bewahrt", berichtet Claudia Friedemann.

Claudia Friedemann ist in die Rolle der Reichsgräfin von Cosel geschlüpft.

Damit wäre Anna Constantia eine gefallene Frau gewesen, doch Freiherr von Hoym, dessen Bekanntschaft sie bereits 1699 in Wolfenbüttel gemacht hat, hält um ihre Hand an, und sie nimmt seinen Antrag an. Am 2. Juni 1703 wird Hochzeit gefeiert, der Ehemann führt seine frisch Angetraute nach Dresden. „Die Beziehung verlief jedoch nicht besonders glücklich, denn Herr von Hoym hatte schon eine Liebschaft im Hause, seine Haushälterin sozusagen", erzählt die Geschichtskennerin über die Anfänge in der Elbestadt, „und das konnte die Cosel von ihrem Charakter her gar nicht ertragen." Anna Constantia neigt nämlich sehr zur Eifersucht – eine Eigenschaft, die ihr später noch zum Verhängnis werden wird. „Sie war sehr stolz, teilweise wohl auch jähzornig, also eine sehr temperamentvolle Frau, die mit dem Kopf durch die Wand wollte. Aber durchaus intelligent", fährt die Wahl-Dresdnerin fort.

Eineinhalb Jahre verbringt Anna Constantia an der Seite ihres Gatten, bis sie August zum ersten Mal über den Weg läuft. Der Kurfürst weiß sofort: Er will sie für sich als seine Mätresse gewinnen und buhlt um ihre Gunst – fast ein ganzes Jahr ohne Erfolg. „Sie hatte ja viel zu verlieren", erläutert Claudia Friedemann das zögerliche Verhalten Anna Constantias. „Sie war in einer guten Stellung bei Hofe und sie war die Ehefrau des Finanzministers." Gabriele Hoffmann schreibt dazu: „Sie hatte sich nicht zu ihm gedrängt, wie so viele, die es als höchstes Glück und Beginn einer Karriere ansahen, eine Stunde in des Königs Bett zu verbringen. Er warb um sie wie um eine Braut, und lange wies sie ihn ab. Aber dann verliebte sie sich in ihn. Gegen ihre eigene Vernunft wagte sie für ihre Liebe alles. Die Liebe, so glaubte sie, würde stärker sein als die strengen Gesetze von Ebenbürtigkeit und politischem Kalkül." Auch Claudia Friedemann ist überzeugt, dass es wirklich Liebe gewesen ist, die Anna Constantia und August zusammenbrachte. „Sie hat alles riskiert und alles verloren – Reputation, Titel, Mitgift", führt sie aus. „Letztendlich hat sie sich scheiden lassen, und das müssen Sie mal machen als Dame des Hofes in der damaligen Zeit, sich schuldig scheiden zu lassen und vor Gericht zu ziehen, damit Sie Ihren Mann loswerden, den ungeliebten." Als schuldig gilt Anna Constantia, weil sie ihrem Ehemann den Beischlaf verweigert.

1705 wird sie offiziell die Mätresse des sächsischen Kurfürsten, doch ganz ohne Absicherung lässt sie sich nicht auf ihn ein: August muss ihr ein geheimes schriftliches Heiratsversprechen ausfertigen, welches besagt, dass er, sollte seine Gattin Christiane Eberhardine

(1671-1727) sterben, Anna Constantia zu seiner rechtmäßigen Ehefrau nimmt. Darüber hinaus legitimiert er im Voraus alle ungeborenen Kinder. Ihre Stellung als Mätresse hinterlässt im Stadtbild Spuren: August lässt ihr in direkter Nachbarschaft zum Schloss das Taschenbergpalais errichten, noch im selben Jahr beginnen die Bauarbeiten, drei Jahre später ist es fertiggestellt. „Das war ein für jeden in der Stadt sichtbares Statement", kommentiert Claudia Friedemann. „Sie hatte sogar zwei Leibgarden des Königs vor ihrer Kutscheneinfahrt, da wusste jeder: Hier wird eine Person honoriert, die ganz hoch in der Gunst August des Starken steht." Zudem habe er Anna Constantia das Palais auch zu Repräsentationszwecken übergeben.

Zwischenzeitlich ist Anna Constantia 1707 zur Reichsgräfin Cosel ernannt worden. Im Jahr darauf kommt ihre erste Tochter mit August zur Welt, Augusta Constantia (1708-1728). „Sie hatten eigentlich vier Kinder, aber der erste Sohn ist bei der Geburt gestorben", ergänzt die Cosel-Expertin. „Sie selbst ist dem Tod im Kindbettfieber gerade so noch einmal von der Schippe gesprungen. Da hat August sogar seine Reise nach Leipzig unterbrochen, um an ihr Krankenbett zu eilen und noch einmal ihre Hand zu halten. Also wenn die sich nicht geliebt hätten, hätte ein Herrscher sich diese Blöße nicht gegeben." 1709 wird eine zweite Tochter, Friederike Alexandra (1709-1784), und 1712 ein Sohn, Friedrich August (1712-1770), geboren. Auf Letzteren – und nicht, wie man erwarten würde, auf seine Mutter – geht das sogenannte Coselpalais zurück.

Während all der Jahre an Augusts Seite zeigt sich Anna Constantia politisch sehr interessiert und mischt sich offen ein, was nicht unbedingt zu ihrer Beliebtheit beiträgt. „Sie hat manches angestoßen, was dem einen oder anderen Minister nicht so recht war", deutet Claudia Friedemann an. „Zum Beispiel hat sie mal nachgerechnet, wo denn die Steuereinnahmen bleiben und wo die ganzen Gelder hinfließen." Im Gegenzug habe sie selbst allerdings Unmengen an Finanzen verschlungen: „Apanage, Haushaltsführung, Deputate und so weiter. Sie ist wirklich hofiert worden, hat viele Geschenke bekommen, und die Kinder sind alle versorgt worden." Manch ein Minister mag ihr ihre Nähe zu August sicherlich geneidet haben. „Es war ja durchaus üblich, dass den Herrschern die Mätressen regelrecht ins Bett gelegt wurden, um über sie gegen Bestechungsgelder Einfluss ausüben zu können", weiß die Eventmanagerin. Durch ihre gute Versorgung ist Anna Constantia unabhängig und auf solche Einkommensquellen nicht angewiesen. Schon bei Augusts ersten Versuchen, sie als Mätresse zu gewinnen, hat sie vehement darauf bestanden, nicht käuflich zu sein. Sie besitzt sogar so viel Geld, dass sie damit Geschäfte macht – eine äußerst verpönte Art und Weise, seinen Reichtum zu mehren. „Diese Geldverleihungsgeschäfte sind auch ein Grund für ihren tiefen Fall, denn während sie im Gefängnis sitzt, kann sie ihre Zinsen nicht mehr eintreiben", wirft Claudia Friedemann einen Blick voraus in Anna Constantias zukünftige Lebensgeschichte.

Doch auch beim Kurfürsten, der neben Anna Constantia noch weitere Liebschaften pflegt, eckt die Gräfin mit der Zeit an. „Mit ihrer Eifersucht und ihrem Jähzorn ist sie August sicherlich manches Mal auf die Nerven gegangen", ist sich die Wahl-Dresdnerin sicher. Dass dabei nicht nur die Fetzen, sondern auch das Porzellan flog, sei überliefert. „Vielleicht wäre alles anders gekommen, wenn sie die Zügel lockerer gelassen und mehr aus dem Hintergrund und weniger wie eine Königin agiert hätte, anstatt August mit ihren Ratschlägen und ihrer Kritik öffentlich bloßzustellen", überlegt sie. Zu Anna Constantias Aufgaben gehört es vielmehr, zu repräsentieren, unter anderem bei Jagden oder Feierlichkeiten, deren Organisation ihr häufig obliegt. Sie versteht es, zu unterhalten, mit Geist und Witz Konversation zu machen. Außerdem überlässt ihr August gern die Verhandlungen mit protestantischen Parteien, er selbst ist zum Katholizismus konvertiert, um König von Polen werden zu können.

In Polen befindet sich August auch 1712, zu dem Zeitpunkt, als Anna Constantia ihren Sohn zur Welt bringt. Da ist ihr Stern schon im Niedergang begriffen. Das ist ihr schmerzlich bewusst, und deshalb setzt sie sich, sobald sie sich von der Geburt erholt hat, in die Kutsche, um zu August zu eilen und ihn wieder an sich zu binden. Doch die polnischen Adelsparteien sind nicht untätig und schmieden bereits eigene Pläne, ihrem König eine Landsmännin als Mätresse zuzuführen. Mit Erfolg: Auf der Suche nach einer geeigneten Dame, die in das kurfürstliche Beuteschema passt, erweist sich Maria Magdalena Gräfin von Dönhoff als die richtige Wahl, August beißt an. „Es war letzten

Endes eine machtpolitische Entscheidung, die Cosel fallenzulassen", bilanziert Claudia Friedemann. Doch die zutiefst Gekränkte will sich noch lange nicht geschlagen geben, diesen Affront nicht widerstandslos hinnehmen. Anna Constantia werden Bedingungen gestellt: Sie muss sich 1713 auf Schloss Pillnitz zurückziehen, das August ihr 1706 vermacht hatte, außerdem den geheimen Ehevertrag zurückgeben. Als Kompromiss bietet man ihr an, sie solle, wenn sich August in Dresden befindet, der Stadt fernbleiben.

Die geschmähte Gräfin fügt sich schließlich doch in ihr Schicksal, verlässt Schloss Pillnitz trotz „Hausarrests" und reist nach Preußen zu ihrem Cousin, der das geheime Schriftstück im Familienarchiv verwahrt. „Das war ein fataler Fehler", räumt die Eventmanagerin ein. Denn ihr Versuch, das Dokument herbeizuschaffen, wird Anna Constantia als Flucht ausgelegt, man beschuldigt sie des Landesverrats, der Soldatenkönig Friedrich Wilhelm I. (1688-1740) liefert sie im Austausch gegen preußische Deserteure aus. Nun greift August zu drastischen Mitteln: Er verbannt seine ehemalige Geliebte. Weihnachten 1716 erfolgt die Festnahme, daraufhin bringt man sie auf die Festung Stolpen. Auf dem Weg dorthin muss sie schreckliche Dinge durchmachen, mehrere Soldaten vergehen sich brutal an ihr. Sie ist körperlich in einem desolaten Zustand.

Von der Festung Stolpen kehrt Anna Constantia nie wieder zurück. „Man darf sich ihre Gefangenschaft dort allerdings nicht vorstellen wie Brot und Wasser in einem dunklen Verlies", sagt Claudia Friedemann. „Sie hatte zu Anfang sieben Räumlichkeiten zur Verfügung und mehrere Bedienstete." Bei allem Komfort, der ihr noch zugestanden wird, lebt Anna Constantia während all der langen Jahre ihrer Gefangenschaft jedoch völlig abgeschnitten von der Außenwelt. Sie steht unter strikter Kontrolle, darf keine Nachrichten von außen erhalten, auch nicht von ihren Kindern. Ihre eigenen Briefe werden zensiert, sie kehren meist nach wenigen Monaten ungenehmigt wieder zu ihr zurück. Wenn sie etwas aus ihrem eigenen Vermögen benötigt, seien es Kleider, Stoffe oder Gelder, muss sie ein Bittgesuch aufsetzen.

Bis zu ihrem Lebensende, insgesamt 49 Jahre, bleibt Anna Constantia auf der Festung Stolpen, auch nachdem August 1733 längst das Zeitliche gesegnet hat. „Er konnte sie nicht wieder freilassen, weil er sonst sein Gesicht verloren hätte. Er war diesen Schritt einmal gegangen, da konnte er nicht wieder zurück", erläutert Claudia Friedemann und stellt fest: „Dafür, dass sie die Frau war, die er mal so geliebt hat, ist ihr übel mitgespielt worden."

Ein einziges Mal hätte sich das einstige Traumpaar des Dresdner Hofes noch begegnen können, am 23. Juli 1727 stattet August der Festung einen Besuch ab. Seit elf Jahren ist Anna Constantia nun schon hier gefangen, fünfzehn Jahre ist es her, seit sie August zum letzten Mal getroffen hat. Ob die beiden bedauerten, wie sie sich verhalten hatten? Sie, die nicht aus ihrer Haut konnte, und er, der seinen politischen Pflichten nachkommen musste? Gabriele Hoffmann versetzt sich in ihrer Doppelbiografie in den König und schreibt: „Er wollte sie sehen. Sie war die schönste, die witzigste, geistvollste seiner Geliebten, die warmherzigste, und sie liebte ihn. Keine hatte ihn so gefesselt, aber keine auch mit ihrer Energie so erschöpft."

Ob es zu einem Treffen zwischen August und Anna Constantia kam, und wenn ja, wie dieses verlief, ist nicht überliefert. Am 31. März 1765 stirbt sie in Stolpen. Ihr Schicksal trug sicherlich dazu bei, dass Anna Constantia die wohl bekannteste Mätresse der Dresdner Stadtgeschichte wurde, wer weiß, welches Leben der König und die Reichsgräfin hätten führen können, wären die Umstände ihrer Liebe andere gewesen. Gabriele Hoffmann versetzt sich erneut in Augusts Gedankenwelt: „Wäre Constantia ein Mann, wäre sie sein Freund und Minister. Augustus und Constantin. Nie hätten sie sich getrennt. Der König lächelte traurig über seine Phantasie. Ein König konnte nur einen König zum Freund haben."

Elena de F. Oliveira

Erinnerungsort:

Das Taschenbergpalais, das August der Starke für Anna Constantia von Cosel errichten ließ, steht am Taschenberg 3. Heute beherbergt es das Hotel Taschenbergpalais Kempinski.

EINAR MUSS STERBEN
Zwischen Schuldgefühlen und Euphorie

Zwei Persönlichkeiten im Widerstreit – am Schluss wird eine die Oberhand gewinnen und die andere sterben: Einar Mogens Andreas Wegener muss gehen, damit Lili Elbe aufblühen kann. Doch nach gelungener Metamorphose in Dresden kann sie nur kurz strahlen, bevor sie verglüht.

Die Geschichte einer für die damalige Zeit einzigartigen Verwandlung beginnt am 28. Dezember 1882 in Vejle in Dänemark. Einar Mogens wird als jüngstes Kind einer sechsköpfigen Kaufmannsfamilie geboren. Neben zwei Brüdern hat er auch eine Schwester. Sein heller Teint und sein prächtiger blonder Lockenkopf lassen ihn häufig wie ein Mädchen wirken. „Bekannt ist auch", erklärt Dr. Marina Lienert, Mitarbeiterin des Instituts für Geschichte der Medizin der TU Dresden, „dass er im zarten Alter von fünf Jahren vom Kindergarten eine Belobigung für seine guten Leistungen im Sticken und Stricken erhalten hat." Seine großen Brüder ziehen ihn immer wieder auf und machen sich über seine Mädchenstimme lustig. Ein ruhiges Kind, das in seiner späteren Schulzeit gerne in die Bibliothek geht, doch es kommt auch zu der einen oder anderen Prügelei, wie es unter Jungen durchaus üblich ist. Aber nicht nur die Neckereien der Brüder machen ihm zu schaffen, eine Qual ist für ihn auch der Schwimmunterricht. Er fühlt sich in seiner Knabenfigur einfach nicht wohl, und außerdem sind die anderen Jungen körperlich schon viel weiter entwickelt.

Nach dem Gymnasium zieht es ihn zum Studium nach Kopenhagen an die Königlich Dänische Kunstakademie. Und dann schlägt der Blitz ein: Er lernt seine Gerda kennen. Sie ist genau wie er aus der Provinz nach Kopenhagen gekommen. Sofort sind die beiden unzertrennlich. Die abendlichen Vorlesungen

Lili Elbe in Kopenhagen im Oktober 1930.

besuchen sie gemeinsam, und schon ein Jahr später wird geheiratet. Einar ist in dieser Zeit „unbeschreiblich glücklich".

Doch die beiden führen bald keine Ehe zu zweit mehr: Mit der „Geburtsstunde" von Lili wird eine dritte Person wichtiger Bestandteil der Beziehung. Wie es dazu kam, ist in dem von Niels Hoyer herausgegebenen Buch *Lili Elbe: Ein Mensch wechselt sein Geschlecht* beschrieben. „Um diese Zeit malte Gerda das Porträt der beliebtesten Schauspielerin des damaligen Kopenhagen, Anna Larsen." Als diese verhindert ist und einen Termin absagen muss, schlägt sie Gerda vor, Einar solle statt ihrer Modell stehen, da er so hübsche Beine habe. Der Vorschlag missfällt ihm, doch er lässt sich von seiner Ehefrau überzeugen und berichtet darüber: „Anfangs lehnte ich ziemlich barsch ab. Gerda lachte mich aus, nannte mich eigensinnig, bat mich, streichelte mich ... und ein paar Minuten später stand ich in Kleid und Stöckelschuhen im Atelier." Gerda begnügt sich damit nicht und holt noch „eine Karnevalsperücke aus der Tiefe einer Truhe heraus, es war eine blonde, sehr gelockte Perücke, zog sie mir über – dann kam sie mit Puder und Schminke, ich ließ willig alles über mich ergehen ..." Gerda ist entzückt von der Verwandlung und ruft: „Das vollkommenste Damenmodell [...], als hättest du nie etwas anderes als Frauenkleider getragen."

Diese Aufnahme entstand während Lili Elbes Dresden-Aufenthalts im Oktober 1930.

Doch nicht nur Gerda ist begeistert: „Und seltsam – ich kann es nicht leugnen –, ich gefiel mir in der Verkleidungsrolle ..., ich empfand die leichten Frauenkleider als etwas überaus Angenehmes, ja Selbstverständliches ... Ich fühlte mich heimisch darin. Vom ersten Augenblick an."

Gerda beginnt zu malen. Bis es plötzlich an der Tür klingelt und Anna Larsen in das Atelier „rauscht".

Auch sie nimmt die Frau in Augenschein und zeigt sich erfreut: „Schließlich beteuert sie: ich sei als Mädel viel, viel hübscher denn als Mannsperson. Damenkleider trüg ich viel, viel besser als Männerzeug. Ja – sie behauptet – und diese Worte habe ich nie vergessen: ‚Weißt du, Einar, du bist sicher in einem früheren Dasein ein Mädchen gewesen … oder aber die Natur hat diesmal bei dir ein Versehen begangen'."

Da die Schauspielerin jetzt da ist, gibt Gerda Einar einen Wink, er könne sich zurückziehen, doch Anna bremst ihn. „Nein, heute würde ich ein Wiedersehen mit Einar einfach nicht ertragen. Wir wollen auch nicht von ihm sprechen! Hört ihr! Und jetzt will ich dich taufen, mein Mädelchen. Du sollst einen ganz besonders lieblichen, klingenden Namen erhalten. Zum Beispiel … Lili … Was sagst Du zu Lili? … Fortab nenne ich dich Lili …. Und das muß gefeiert werden!"

Marina Lienert erläutert: „Damit war Lili sozusagen geboren worden, und sie nahm auch gleich einen gewissen Raum im Leben des Ehepaars ein." Aber nicht nur dabei soll sie eine Rolle spielen: Gerda regt an, Lili solle auf einem Künstlerfest in die große Welt eingeführt werden. Dem Gedanken folgen sogleich Taten, Lili schlägt auf dem Fest ein wie eine Bombe. Laut Einar ist sie „eine der begehrtesten Tänzerinnen". Und die Offiziere bekommen gar nicht genug von ihr. Einar: „Es war das erstemal, daß sich Lili als Eigenwesen gefühlt hat. Und so wurde auch aus diesem lustigen Einfall etwas wie Vorausahnen … Wie oft habe ich nicht an diesen fernen Abend denken müssen."

Dem Fest sollen viele weitere folgen. Gerda ist die treibende Kraft, staffiert Lili aus – und sorgt damit in der Kopenhagener Künstlergesellschaft für Furore. „Denn, wie seltsam sich dies alles jetzt auch anhören mag, nicht ich verkleidete mich in Lili, sondern sowohl für mich wie für Gerda wurde Lili sehr bald ein völlig selbständiges Persönchen, und zwar eine Gespielin von Gerda, ihre eigentliche Gespielin und ihr Spielzeug zugleich", resümiert Einar über die Anfangszeit dieser ganz besonderen Ménage-à-trois und schreibt weiter: „Lili und ich, wir wurden zu zwei Wesen. War Lili nicht da, so sprachen wir von ihr wie von einer dritten Person. Und war Lili da, das heißt, war ich nicht da, so wurde zwischen ihr und Gerda von mir wie von einer dritten Person

gesprochen. Und bald lernten dies auch unsere intimsten Freunde."
Auch für Gerdas künstlerischen Erfolg ist Lilis Anwesenheit eine glückliche Fügung, Gerdas Bilder mit Lili werden echte Verkaufsschlager und somit zum Ticket nach Paris, denn Gerda wird eingeladen, ihre Lili-Bilder in Paris auszustellen. Einar fasst die Begebenheit wie folgt zusammen: „Und so wurden wir drei nach Paris verpflanzt: Gerda, ich und – Lili."

Marina Lienert beschreibt es so: „Doch Lili ist nicht ständig bei den beiden, auf Reisen und auch in der Anfangszeit von Paris hält sie sich im Hintergrund. Gerda und Einar sind so beschäftigt, dass sie kein Verlangen nach Lili haben."

Als Gerda ein weiteres lukratives Angebot in Paris erhält, braucht sie Lili dringend als Modell. Da aber Lilis Ausstattung in Kopenhagen geblieben ist, muss auf die Schnelle etwas zum Anziehen her. Und Lili ist mächtig stolz auf ihr erstes Pariser Kostüm, in dem sie sich so wohl fühlt, dass sie künftig wieder häufiger in Erscheinung tritt. Auch wenn Lili zunächst nur als Modell auftaucht und erst einmal kein Teil der Pariser Gesellschaft wird, bemerkt Einar dennoch eine Veränderung: „Und doch war Lili wohl inniger mit uns beiden zusammen denn je. Nur war es kein Spiel mehr […]. Mit mir selber begann zu jener Zeit eine Veränderung vorzugehen, ohne daß ich mir dessen damals recht bewußt wurde." Auch auf einer nun folgenden Reise ist Lili anwesend. Immer häufiger bleibt sie einfach nach dem Modellstehen, mitunter auch den ganzen Abend. Sie flüchtet auch nicht mehr vor engen Freunden. Mehr und mehr wird Lili Teil des Alltags, das bekommt insbesondere Einar zu spüren: „Und so kam es, daß Lili von Monat zu Monat immer hartnäckiger auf ihrem Platz bestand und immer widerwilliger vor mir zurücktrat." Sie genießt es mittlerweile auch, abends schick essen zu gehen, einen Drink in einer Bar zu nehmen, an diversen Tanzveranstaltungen teilzunehmen – und dass diverse Verehrer um ihre Gunst buhlen.

„Mehr und mehr wurde Lili auch im Alltag präsent", erklärt die Historikerin. Doch weder Gerda noch Einar sehen darin etwas anderes als eine angenehme Art von Zerstreuung und Unterhaltung. Einar schreibt über diese Zeit: „Ebensowenig beunruhigten wir uns über den augenscheinlich zunehmenden Unterschied in seelischer Hinsicht, der zwischen dem mystischen Mädchen und mir sich mehr und mehr offenbarte, wie denn auch niemand von uns ernstlich über die leisen Veränderungen nachdachte, die sich ganz allmählich an meinen körperlichen Formen bemerkbar machten."

Langsam wird Gerda und auch Einar klar, dass sie sich ein Leben ohne Lili nicht mehr vorstellen können. Als beide sich diese Tatsache eingestehen, geht Einar sogar noch weiter und sagt beklommen: „Ja, um so mehr, als ich fühle, daß sie drauf und dran ist, lebenskräftiger zu werden als ich." Doch Einar hat nicht nur den Eindruck, dass Lili fröhlicher, lebensbejahender und vitaler ist, er fühlt sich schlapp und kränklich und seine Stimmung trübt sich immer mehr. Gerda beginnt sich Sorgen zu machen und schickt Einar zum Arzt, der allerdings nichts feststellen kann. Der nächste Arztbesuch folgt und nach diesem noch einer, doch egal wie viele Ärzte Einar konsultiert, es geht ihm einfach nicht besser. Verwandelt er sich allerdings in Lili, ist alles gut und jede Missstimmung verflogen.

Umso mehr drängt sie in das Leben von Gerda und Einar. Sie bleibt jetzt nicht nur über Nacht, sondern mehrere Tage am Stück. Einar schreibt über diese Zeit: „Sie hatte inzwischen ihren eigenen Freundes- und Bekanntenkreis bekommen, sie hatte ihre eigenen Erinnerungen und Gewohnheiten, die nichts, aber auch gar nichts mit mir zu tun hatten."

Aber auch Einars engstes Umfeld spürt die Veränderungen und erlebt den Kampf zwischen ihm und Lili. Wie tief die Verzweiflung bei Einar mittlerweile ist, lässt sich gut an den folgenden Zeilen erkennen: „Ein Geschehnis, das sich gerade damals zutrug, sollte schneller, als vermutet, die Einleitung der letzten Periode dieses unablässigen und erbarmungslosen inneren Kampfes zwischen Lili und mir werden. Und lange sah es so aus, als ob niemand von uns beiden diesen Kampf überleben sollte."

Einar spielt damit darauf an, dass er, sobald er sich körperlich anstrengt, starkes Nasenbluten und auch Weinkrämpfe bekommt, die ihm völlig fremd sind. Die Symptome verringern sich nicht mehr, sie nehmen im Gegenteil sogar noch zu. „In fast regelmäßigen Zwischenräumen stellten sich diese rätselhaften Depressionen mit starken Blutungen fortab ein, begleitet von heftigen Schmerzen", schreibt Einar über diesen

Lebensabschnitt. Ein zu Rate gezogener Arzt kann keine Diagnose stellen und somit auch nicht für Abhilfe sorgen. Einar bleibt nicht untätig, er liest sich immer mehr in die medizinischen Belange sowohl von Frauen als auch von Männern ein und kommt zu dem Schluss, dass all das, was er dort liest, nicht richtig sei und nicht auf seinen Zustand passe. „So kam es, daß ich mir selbständig eine Meinung bildete, nämlich, daß ich in einem Körper sowohl Mann wie Weib war, und daß das Weib in diesem Körper dabei war, die Überhand zu gewinnen. Aus dieser Vermutung leitete sich die Tatsache der Störungen sowohl physischer wie psychischer Art ab, an denen ich in steigendem Grade litt."

Gerda sei der Zustand natürlich nicht verborgen geblieben, sagt Marina Lienert: „Sie machte sich viele Sorgen um ihren Mann, und nachdem er wieder mal vollkommen mutlos von einem Arztbesuch zurückkam, schlug sie eine gemeinsame Reise nach Italien vor." Auf dieser Reise, die ihn nicht aufzumuntern vermag, fasst Einar einen Entschluss: „Es war damals Mai. Noch ein Jahr Frist gab ich mir. Finde ich nicht im Laufe dieses Jahres einen Arzt, der mir helfen kann – der versuchen will, Lili zu retten – sie von mir zu trennen – ich weiß, wie schwer es für andere ist, diese Worte, Lili von mir zu trennen, zu verstehen – aber wie soll ich es sonst in Worte kleiden? [...] Ja, finde ich bis zum nächsten Mai nicht diesen Helfer, so werde ich selbst in aller Stille Abschied von diesem Dasein nehmen, selbst wenn auch das andere Wesen, das sich mit mir in einen Körper teilen mußte, mein Schicksal gleichfalls teilen muß!" Er legt auch sein beabsichtigtes Todesdatum fest: Der 1. Mai im Folgejahr soll es sein.
Dieser Entschluss bringt Einar zumindest psychisch Ruhe, da er jetzt ein Ende seines Leidens vor Augen hat, doch physisch geht es ihm von Tag zu Tag schlechter. Er zieht immer mehr Blicke auf sich, die meisten halten ihn mittlerweile für eine Frau, die sich Männerkleidung angezogen hat. Schon wieder ein Nachteil gegenüber Lili, die sich vollkommen unbeobachtet bewegen kann, abgesehen von den Verehrern, die ihr nachsteigen.

Und dann hat Einar eine schicksalhafte Begegnung mit einem Arzt aus Deutschland, genauer: aus Dresden. Elena, eine gute Freundin von Einar und Gerda, schlägt den Besuch bei diesem Arzt vor.

Doch Einar zögert, es bedarf einiger Überredungskunst von Gerda und Elena, damit er sich darauf einlässt. Zu weit ist seine Frustration vorangeschritten. Mit Elenas Unterstützung macht er sich auf den Weg und ist vom ersten Moment an von Professor Kurt Warnekros (1882-1949) fasziniert. Nur wie im Traum folgt er der Unterhaltung von Elena und Warnekros. Sie schildert dem Arzt Einars Leidensweg. Nach einer körperlichen Untersuchung, die Einar als sehr einfühlsam erlebt, betrachtet Warnekros die von Elena mitgebrachten Fotografien von Lili. Der Arzt sieht in den Fotografien eine Entwicklung und äußert den Verdacht, dass Einar sowohl männliche als auch weibliche Organe besitze und keine von beiden genug Raum hatten, um sich völlig entwickeln zu können. Warnekros geht sogar noch einen Schritt weiter und eröffnet Einar, dass es ein Glück für ihn sei, dass er sich so ausgesprochen als Weib fühle, denn dadurch könne er ihm helfen. Der Professor lädt ihn nach Deutschland ein, denn er hofft, Einar ein neues Leben ermöglichen zu können.

Einar ist völlig überwältigt und wagt kaum zu hoffen, dass er den Professor richtig verstanden hat. Er fragt, ob es Lili sein wird, die leben darf. Dies bejaht der Arzt und verspricht ihm, ihn zu operieren. Doch bevor Einar nach Dresden reisen kann, solle er sich noch vorbereitenden Behandlungen in Berlin unterziehen.

Ungeduldig hat Gerda im Atelier auf Einars Rückkehr gewartet, der ihr völlig aufgelöst die Neuigkeiten berichtet und sich bei ihr bedankt, dass sie immer an Lili geglaubt hat.

„Es ist davon auszugehen, dass während des Aufenthalts von Einar in Berlin neben vielen Untersuchungen auch schon eine erste Operation erfolgte, bei der die Testikel, also die männlichen Keimdrüsen, entfernt wurden", fasst Marina Lienert die Zeit in Berlin zusammen. Im Anschluss daran macht sich Lili auf den Weg nach Dresden, um die weiteren Operationen in Angriff zu nehmen.

Lili kommt es schon im ersten Moment, in dem sie die Staatliche Frauenklinik in Dresden erblickt, so vor, als sei sie nach Hause gekommen. Doch sie kann nicht direkt in der Klinik bleiben, auf Anweisung von Warnekros soll sie sich noch ein paar Tage in einem nahegelegenen Hotel erholen. Doch Lili empfindet diese Zeit eher als Strafe, ungeduldig und frustriert wartet sie darauf, dass die nächste Operation, bei der

Ovarien verpflanzt werden sollen – eine damals durchaus bekannte, wenn auch selten durchgeführte Operation –, endlich stattfindet.

Der Tag der Operation kommt, im Anschluss daran braucht Lili einige Zeit, bis sie sich von dem Eingriff erholt hat. Doch sie nutzt die Zeit, die sie zwangsläufig im Krankenbett ausharren muss, dazu, ihre neue Rolle, ihr neues Leben anzunehmen. Als sie endlich das Krankenzimmer im Rollstuhl verlassen darf und das erste Mal wieder im Park der Klinik sein kann, fühlt sie sich wie neugeboren und ist einfach glücklich. Von Tag zu Tag wird Lili kräftiger und kann schon bald im Park spazieren gehen.

Noch größer ist die Freude, als sie morgens einen versiegelten Brief aus Berlin erhält. Sie entnimmt dem Briefumschlag einen Pass, und darauf sind ihr Foto und der Name: Lili Elbe!

Sie ist jetzt auch offiziell eine Frau – ihre Ehe mit Gerda ist annulliert worden. Dies ist dem Umstand geschuldet, dass eine gleichgeschlechtliche Ehe zur damaligen Zeit rechtlich nicht möglich ist. Am freundschaftlichen Verhältnis zwischen Lili und Gerda ändert das allerdings nichts. Wie sich die Anwesenheit von Lili auf die Intimität von Einar und Gerda auswirkt, ist weitgehend unbekannt.

Aber noch ist es nicht ganz ausgestanden für Lili, sie muss sich erneut einer Operation unterziehen. Auch nach diesem Eingriff muss sie mühsam wieder auf die Beine kommen, es dauert seine Zeit, bis sie wieder im Park spazieren gehen kann. Doch sie erholt sich und der Tag der Entlassung aus der Klinik steht an. Gerührt bedankt sie sich zum Abschied bei Warnekros: „Ich verdanke Ihnen, Herr Professor, nicht nur mein Leben, sondern auch die Hoffnung für die Zukunft und alle die Zuversicht, die ich jetzt empfinde. Ich will jetzt versuchen, in das Leben dort draußen hineinzugleiten."

Ihre ersten Tage außerhalb der Klinik verbringt sie in einem Hotel in Berlin ganz in der Nähe der Klinik, in der sie noch vor wenigen Monaten als Mann gelegen hat. „Sie konnte sich somit in der Anonymität der Großstadt in ein Leben als Frau einfinden, bevor sie sich ihrer Familie und ihrem Alltag stellen musste", erläutert die Medizinhistorikerin. Gerda ist, wie auch während des Klinikaufenthalts, meist an ihrer Seite. Lili kommt immer mehr in ihrer Weiblichkeit und in ihrem neuen Leben als Frau an. Sie freut sich, dass sie Gerda zu einer neuen

Liebe verhelfen und somit ein bisschen von der gefühlten Schuld abgelten kann, ihr in den letzten Jahren so viel zugemutet zu haben.

Auch in Lilis Leben tritt ein Mann, sie verliebt sich in ihn und wird eine Beziehung mit ihm führen. Doch Lili hegt noch einen weiteren Lebenswunsch, sie möchte gerne Mutter werden. Erneut macht sie sich auf den Weg nach Dresden und setzt ihre ganzen Hoffnungen auf Professor Kurt Warnekros.

„Es gibt Mutmaßungen, dass Warnekros ihr diesen Wunsch erfüllen will und die Transplantation einer Gebärmutter plant", erläutert Marina Lienert das Unterfangen. „Den Unterlagen ist aber nichts mehr zu entnehmen, da diese im Februar 1945 verbrannt sind, deshalb kann man nur spekulieren." Belegt ist allerdings, dass es Lili schlecht geht. Ob das an einer erneuten Operation lag oder ob ein Nierentumor ursächlich war, kann nicht mehr eindeutig geklärt werden. Die Historikerin meint: „Vermutlich führte Warnekros eine Scheidenplastik durch. Da diese aber nach damaligem Moralverständnis nur indiziert gewesen wäre, um eine Schwangerschaft zu ermöglichen, wird vielleicht deshalb eine – wenige Monate zuvor von Warnekros noch kategorisch ausgeschlossene – Uterustransplantation im Buch angedeutet."

Lili fühlt ihr Ende nahen, sie schreibt an ihre Schwester: „Jetzt weiß ich, daß der Tod kommt ... ich habe heute nacht von Mutter geträumt ... sie nahm mich in ihre Arme ... sie sagte Lili zu mir ... und Vater war auch dabei." Am 12. September stirbt Lili, am 15. September wird sie in Dresden in der Nähe der Frauenklinik auf einem Friedhof bestattet und ihr damit ein „innigster Wunsch" erfüllt. Somit kann Lili in der Stadt, der sie so viel verdankt, weswegen sie auch ihren Namen entsprechend gewählt hatte, ihre letzte Ruhe finden.

Melanie Kunze

***

Erinnerungsort:

An Lili Elbe erinnert ihr Grab auf dem Dresdner Trinitasfriedhof.

Nr. 3998

Frau Dr. phil. Else Ulich=Beil, Kulturhistorikerin und Sozialpolitikerin in Leipzig.

Gerechte Entlohnung
Ein Leben für die Frauenbewegung

*D*er Dresdner Himmel hängt voller Geigen. Sie spielen eine fröhliche Tonart, C-Dur vielleicht, ein Stück von Liebe, Wärme, Nähe und Vertrauen. Doch bald schon wechseln die Töne, nun dominiert eine Molltonart, die Klänge werden drängender, tragischer. Es ist das Lebensstück der Lehrerin und Frauenrechtlerin Else Ulich-Beil, die in Dresden, der Heimatstadt ihres Gatten, prägende und auch schmerzhafte Jahre erlebt.

Dabei hat Else schon früh gelernt, was Schmerz und Verlust bedeuten: „Meine erste Erinnerung ist mit dem frühen Tod meines Vaters verbunden. Natürlich wußte ich nicht, was Sterben heißt, aber mein Herz begriff, daß ich ihn, den ich so zärtlich liebte, nie wiedersehen würde", schreibt Else in ihrer Autobiografie *Ich ging meinen Weg* über den wohl schmerzhaftesten Einschnitt ihrer Kindheit. Gerade mal sechs Jahre ist sie alt, als sie ihren Vater verliert, der als Redakteur bei einem Elberfelder Verlag beschäftigt gewesen war. Sein Tod bringt der Familie neben der Trauer auch finanzielle Sorgen, die Witwe hat keine Pensionsansprüche, Ersparnisse gibt es nicht. „Doch die Mutter verharrt nicht in ihrer Trauer. Sie kümmert sich aufopferungsvoll um ihre beiden Töchter und arbeitet hart, um ihnen eine gute Schulbildung zu ermöglichen", schildert Susanne Salzmann, Leiterin des Frauenarchivs Dresden.

Else dankt es ihr durch großen Fleiß. Sie wird eine sehr zielstrebige Schülerin an der höheren Mädchenschule und besteht die Abschlussprüfung in allen Fächern mit Auszeichnung. „Auf Wunsch meiner Mutter besuchte ich anschließend das Lehrerinnenseminar in Elberfeld. Dort konnte ich die Prüfung für das Lehramt an höheren und mittleren Mädchenschulen ablegen", führt Else in ihrer Autobiografie aus. „Die Aus-

Abbildung der 34-jährigen Dr. phil. Else Ulich-Beil von 1920.

bildung zur Lehrerin stellte damals in Deutschland die einzige Möglichkeit für Mädchen zu einer beruflichen Qualifizierung dar", erklärt Susanne Salzmann. In den Jahren ihrer Ausbildung wird Else auch klar, dass sie studieren will: „In der Stadtbibliothek fielen mir zum erstenmal die Schriften der Frauenbewegung in die Hand. Ich entnahm ihnen, daß die Zulassung der Mädchen zum Universitätsstudium nur eine Frage der Zeit sein könne. Ich war entschlossen zu studieren und fing an, auf eigene Faust Latein zu lernen."
Und auch bei ihrer Lehrerinnen-Ausbildung legt Else großen Fleiß an den Tag: Mit 17 Jahren besteht sie Ostern 1903 das Lehrerexamen mit „sehr gut". Zur Belohnung schickt die Mutter sie ein halbes Jahr nach Paris. Dort erwirbt Else das Examen der Guilde International und verlebt eine glückliche und unbeschwerte Zeit – bis sie, zurück in Deutschland, die raue Wirklichkeit einholt: „Meine Mutter war krank, als ich nach Hause kam. Ada [Anm.: Elses Schwester] und ich wurden uns darüber klar, daß ihre anstrengende und aufopferungsvolle Arbeit ein Ende haben müsse." Die Archivleiterin Susanne Salzmann erläutert: „Kaum wieder in Deutschland angekommen, stellt sie sich direkt der Schulverwaltung zur Verfügung und wird als Vertretungslehrerin beschäftigt."
Diese Arbeit wird sehr wichtig für ihre soziale Prägung und ihr weiteres Leben: Die Zeit als Lehrerin eröffnet Else die Möglichkeit, die unterschiedlichen Lebensumstände der Kinder und Familien kennenzulernen. Sie schreibt: „Dieser erste Einblick in die Lebensverhältnisse der Fabrikarbeiter kurz nach der Jahrhundertwende bestimmte fortan meine sozialen Anschauungen."

Ihr großes Ziel, einmal zu studieren, verliert sie bei all dem aber nicht aus den Augen: 1905 verlässt Else den Schuldienst und bereitet sich intensiv auf das Abitur vor. Ihren Lebensunterhalt verdient sie, indem sie Privatunterricht gibt. „Bestärkt wurde sie vermutlich in ihrem Ansinnen, da dank des Einsatzes der Frauenbewegung die Universitäten Heidelberg und Freiburg bereits seit 1904 Frauen zum Studium zugelassen haben und vier Jahre später auch sämtliche preußischen", berichtet Susanne Salzmann. Im Juli 1909 beantragt Else beim Provinzial-Schulkollegium in Koblenz die Zulassung zur Reifeprüfung. Dies wird ihr gewährt, sie legt die Prüfung mit Erfolg ab. „Nun war der Weg frei, doch die Finanzierung meines Studiums machte mir Kopfzerbrechen", schreibt Else. Sie bewirbt sich erfolgreich um ein Stipendium, kann schon bald ihr erstes Semester in München antreten und wählt als Studienfächer Alte Sprachen und Mathematik. Doch glücklich wird sie mit ihrer Wahl nicht und wechselt bereits nach sechs Wochen zu Geschichte und Philosophie. In einem der neuen Kurse lernt sie ihren späteren Ehemann, den Dresdner Robert Ulich, kennen. Nach zwei Semestern wechselt sie nach Leipzig, Ulich folgt ihr ein Semester später. Als sie in den letzten Studiensemestern ein Stipendium der Ferdinand-und-Louise-Lenz-Stiftung erhält, muss sie zwar satzungsgemäß Mitglied des Leipziger Frauenvereins werden, jedoch geht sie nur ab und an hin, ist „aber von den Versammlungen nicht sonderlich berührt". Am 5. August 1914 reicht Else ihre Doktorarbeit ein, nach den Semesterferien legt sie Ende September auch die mündliche Prüfung mit „summa cum laude" ab und macht zusätzlich noch das Examen „pro facultate docendi". „Diese zusätzliche Prüfung war der Vorläufer des heutigen Staatsexamens, das sie aber nur ihrer Mutter zuliebe gemacht hat, denn zurück an die Schule wollte sie nicht mehr", erklärt Susanne Salzmann.

Berufserfahrungen sammelt Else an der Hochschule für Frauen in Leipzig, wo sie noch intensiver mit der Frauenbewegung in Kontakt kommt. Ein „menschlich-persönlicher Funke springt" bei Else erst über, als sie im Herbst 1915 anlässlich der Feier des 50.

Susanne Salzmann hat sich intensiv mit Else Ulich-Beil beschäftigt.

Gründungstags des Allgemeinen Deutschen Frauenvereins die Vorsitzende des Bundes Deutscher Frauenvereine, Gertrud Bäumer (1873-1954), „den Dank der nachfolgenden Generation" aussprechen hört. Besonders dieser Satz hat es ihr angetan: „Es war der moralische Mut von Frauen wie Louise Otto-Peters und Helene Lange, der gegen eine heute unvorstellbare Welt von Widerständen und Vorurteilen die Entwicklung des weiblichen Geschlechts in neue Bahnen gelenkt hat." Else schildert ihre Gefühlslage: „Da war mir, als hätten sich meine seelischen Kräfte neu formatiert, so wie sich ein Kristall in der Mutterlauge bildet und zusammenschließt. Durch die Persönlichkeit und die Worte von Gertrud Bäumer war ich der organisierten Frauenbewegung für das ganze Leben gewonnen."

Für kurze Zeit führt sie ihr Berufsweg von der Hochschule für Frauen zurück an die Universität Leipzig, wo sie und Robert Ulich am Aufbau eines Forschungsinstituts für Kultur- und Universalgeschichte mitwirken.

Aber schon kurze Zeit später ändert sich ihre berufliche Situation erneut: Bedingt durch den Ersten Weltkrieg soll an jedem Sitz eines stellvertretenden Generalkommandos ein Frauenreferat unter der Leitung einer sachverständigen Frau eingerichtet werden. Und genau in eine solche Position soll Else berufen werden, nach anfänglichem Zögern nimmt sie an. „Es war das erste Mal in Deutschland, dass Frauen in führende Stellen der Verwaltung berufen und ihnen auch große Verantwortung übertragen wurde", urteilt Susanne Salzmann darüber und erläutert die Kernaufgabe des Frauenreferats: „Es wurden Frauen sowohl in der Landwirtschaft als auch in den kriegsrelevanten Betrieben benötigt, da die männlichen Arbeitskräfte an die Front mussten. Dennoch sollten im Hinblick auf Familie und Mutterschaft die Kräfte der Frauen nicht über Gebühr strapaziert werden."

Und dann ist der Krieg vorbei – die Rüstungsindustrie kommt zum Erliegen, immer mehr Männer kehren von der Front und an ihre Arbeitsplätze zurück, berufstätige Frauen werden nicht mehr gebraucht, und der Arbeiter- und Soldatenrat gesteht ihnen nur ein bedeutend geringeres Arbeitslosengeld zu. Else kämpft für ihre Frauen, geht einen Vorgesetzten harsch an und erwidert auf seine Spitze, die Frauen würden auch weniger leisten als die Männer, „[…] daß die Arbeit, die Männer und Frauen nicht leisten, gleich ist, nämlich gleich null".

Im Gegensatz zu den vielen anderen Frauen, die sie vertreten hat, geht es für die nun frisch verheiratete Else beruflich aber gut weiter: Unmittelbar nach der Abwicklung des Frauenreferats wird sie als erste weibliche Regierungsrätin für Soziales nach Dresden ins Innenministerium berufen. „Unter ihrer Leitung entstanden das Landesamt für Wohlfahrtspflege, Mütterberatungsstellen, einheitliche Ausbildungspläne und Prüfungsordnungen für die drei staatlich anerkannten Wohlfahrtsschulen", fasst Susanne Salzmann Elses Errungenschaften für Dresden und Sachsen zusammen. Parallel zu ihrer Tätigkeit als Regierungsrätin wird sie Mitglied des Sächsischen Landtags für die Deutsche Demokratische Partei (DDP), auch hier setzt sie sich für die Belange der Frauen und deren Gleichberechtigung ein. Zusätzlich übernimmt sie den zweiten Vorsitz des Staatsbürgerinnen-Verbands, dem Nachfolger des Allgemeinen Deutschen Frauenvereins.

> *„Unter ihrer Leitung entstand das Landesamt für Wohlfahrtspflege, Mütterberatungsstellen, einheitliche Ausbildungspläne und Prüfungsverordnungen für die drei anerkannten Wohlfahrtsschulen."*

Privat hängt „ihr persönlicher Himmel voller Geigen", wie sie ihre ersten Dresdner Jahre beschreibt. 1923 und 1924 bringt sie jeweils einen Sohn zur Welt. Doch kurz darauf gerät das junge Glück ins Wanken. Nicht wegen der Kinder, sondern wegen Elses Mutter: Die zieht von Berlin in die Nähe ihrer Tochter nach Dresden, um sich tagsüber um die Enkel zu kümmern – und sie versteht sich so gar nicht mit ihrem Schwiegersohn Robert. Immer mehr spitzt sich die Situation zu, der Streit erweitert sich auf Else, schließlich bittet Robert um die Scheidung. „Das Urteil wurde mir 1929 zugestellt. Ich verschloß es in meinem Schreibtisch. Und dort ist es 1944 – ungelesen – verbrannt", schreibt Else über diesen schmerzhaften Lebenseinschnitt.
Beruflich geht es jedoch gut weiter: 1929 übernimmt Else die Führung der „Sozialen Frauenschule" und wandelt sie in eine staatliche Wohlfahrtsschule für Frauen und Männer um.

Die Machtübernahme der Nationalsozialisten bringt große Einbrüche: Else bekommt ein Berufsverbot auferlegt und verlässt Dresden 1934, um nach Berlin zu gehen. Ihr Ex-Mann emigriert in die USA, er bietet an, die beiden Söhne mitzunehmen, Else lehnt jedoch ab und bewirbt sich, dem Berufsverbot zum Trotz, als Lehrerin – wegen akuten Lehrermangels erhält sie auch tatsächlich eine Ausnahmeerlaubnis. „Sie unterrichtet ihre Schüler so engagiert wie hingebungsvoll – bis ein persönlicher Schicksalsschlag ihr alle Kraft raubt", schildert Susanne Salzmann. 1942 wird ihr ältester Sohn Pitter eingezogen, nach Afrika an die Front geschickt und schwer verwundet. Nach einem langen Leidensweg verstirbt er am 28. April 1943 in einem Münchner Lazarett. Die Trauer ist so überwältigend, dass Else nach einiger Zeit nicht mehr in der Lage ist, zu unterrichten. Im Februar 1944 wird ihre Wohnung ausgebombt, dabei gehen viele Unterlagen der DDP und des Frauenvereins in Flammen auf, die Else verwahrt hat. Taub vor Schmerz flieht sie aus der geschundenen Stadt nach Schlesien. Dort ist sie zumindest für ein Jahr sicher: Keine Sirenen heulen mehr und es fallen auch keine Bomben. Doch Anfang 1945 ziehen die Russen in Richtung Schlesien, im Februar 1945 muss Else erneut fliehen.

Dann, endlich, ein bisschen Glück: Ihr zweiter Sohn Konrad kehrt aus russischer Kriegsgefangenschaft heim. Mutter und Sohn bauen sich ein neues Leben in Berlin auf: Else wird 1947 Leiterin des Staatsbürgerinnen-Verbandes und ist maßgeblich an dessen Aufbau beteiligt, ab 1951 wirkt sie auch am „Council of Women" mit und übernimmt 1952 den Vorsitz im „Deutschen Frauenring". „Sie setzt sich auch für Flüchtlinge und Vertriebene ein und erhält 1956 das Große Bundesverdienstkreuz für ihr Engagement", ergänzt Susanne Salzmann.

Der letzte Schlussakkord erklingt für Else 1965. Die Leiterin des Frauenarchivs Dresden würdigt die Lebensleistung von Else Ulich-Beil: „Als sie 1965 stirbt, verliert die Frauenbewegung eine großartige Frau, die die Gleichberechtigung der Frauen immer als oberstes Ziel hatte und immer ein großes Herz und Mitgefühl für ihre Mitmenschen gezeigt hat."

Melanie Kunze

Erinnerungsort:

Der Sächsische Landtag, dessen Mitglied Else Ulich-Beil von 1926 bis 1929 als Abgeordnete der DDP war, befindet sich am Bernhard-von-Lindenau-Platz.

Antonia Dietrich wurde in Dresden für ihre Schauspielkünste begeistert gefeiert.

Karriere im Rampenlicht
Vom Gretchen zur Grande Dame

Der Vorhang fällt, Applaus brandet auf. Es ist der 25. Mai 1919 gegen zehn Uhr abends, auf der Bühne des Staatstheaters Dresden ist gerade eine Aufführung von Goethes *Faust* gegeben worden. Das Dresdner Schauspieldebüt der erst 19-jährigen Antonia Dietrich aus Wien ist ein voller Erfolg, sie wird vom Fleck weg engagiert, noch vor Mitternacht hält sie einen Vertrag in der Hand – und wird dem Theater Dresden ein Leben lang treu bleiben. „Eine so lange Zeit am selben Haus zu bleiben, ist heute eine totale Ausnahme", stellt Anna-Katharina Muck fest, die selbst schon viele Jahre Schauspielerin am

Staatsschauspiel ist und sich zum „Urgestein" zählt. Über den Regisseur Klaus Dieter Kirst, der Antonia Dietrich noch selbst erlebt und mit ihr zusammengearbeitet hat, konnte sie viel über die gefeierte Künstlerin in Erfahrung bringen. Er stellt außerdem eine besondere Verbindung zwischen den beiden Frauen dar, wie Anna-Katharina Muck verrät: „Als Assistent hat er seine erste Arbeit mit Antonia Dietrich gemacht. Und später als gestandener Regisseur hat er mir Starthilfe gegeben und mich in meiner schauspielerischen Entwicklung begleitet und gefördert." Sie wage es zwar nicht, sich in eine Reihe mit der „großen Antonia", wie Antonia Dietrich auch genannt wurde, zu stellen, aber: „Als mir bewusst wurde, dass sie ihr 50-jähriges Bühnenjubiläum 1969 hatte, in dem Jahr, in dem ich geboren wurde, da dachte ich schon: Was ist denn das für ein schöner Zufall?", erzählt sie lachend.

„Als mir bewusst wurde, dass sie ihr 50-jähriges Bühnenjubiläum 1969 hatte, in dem Jahr, in dem ich geboren wurde, da dachte ich schon: Was ist denn das für ein schöner Zufall?"

Bis zu diesem Jubiläum vergehen viele Jahre, in denen Antonia die Dresdner Theaterwelt entscheidend mitprägen wird, doch ihre Wurzeln liegen in Österreich. Nur wenige Tage nach der Jahrhundertwende kommt Antonia Dietrich am 8. Januar 1900 in Wien zur Welt. Ihre Eltern, begeisterte Laienschauspieler, weisen „Tonerl" den Weg auf die Bretter, die die Welt bedeuten. Ab 1917 besucht sie die Schauspielschule in Wien und feiert dort ein Jahr später ihr Debüt im Neuen Komödienhaus. Als die frischgebackene Absolventin 1919 für ein Gastspiel nach Dresden kommt, ist das Staatstheater gerade auf der Suche nach einer jungen „Sentimentalen", einer Schauspielerin, die gefühlvolle Rollen verkörpert. Da eine Kollegin erkrankt, übernimmt Antonia die Rolle Gretchens – und brilliert.

Obwohl sie als blutige Anfängerin in die Stadt an der Elbe kommt, liegen die Dresdner Antonia bald zu Füßen. Ute Baum schreibt in ihrem Zeitungsartikel *Triumph für die bürgerliche Diva*: „Sie war eine ebenso kraftvolle wie intelligente Persönlichkeit mit meisterhafter Technik, nach und nach umwob das Publikum sie mit dem Mythos einer Verkörperung der Schauspielkunst." Anna-Katharina Muck bemerkt: „Früher war das noch eine ganz andere Vergötterung der Schauspieler als heute."

Verkörpert sie anfangs noch jugendliche Heldinnen, übernimmt Antonia bald Charakter-, später die tragischen Frauenrollen. Ihr Repertoire umfasst sowohl Shakespeare als auch die deutschen Klassiker und zeitgenössische Stücke. In mehr als 200 Frauenfiguren wird sie sich bis zu ihrem Lebensende versetzt haben. Vor allem als Protagonistin in Goethes *Iphigenie auf Tauris* geht sie 1924 in die Bühnengeschichte ein. Zwei Jahre später heiratet sie den 1889 in Budapest geborenen Pianisten Egon Linz, der als Professor an der Dresdner Musikhochschule tätig ist, aber als Autor auch erfolgreich Bühnenstücke schreibt.

Die Jahre während des Zweiten Weltkriegs werden für die mittlerweile gestandene Schauspielerin eine schwere Zeit. 1943 stirbt ihr Mann, beim Bombenangriff am 13. Februar 1945 wird ihre Wohnung zerstört. Bereits ein Jahr zuvor hat Adolf Hitler (1889-1945) am 21. August 1944 alle Theater schließen lassen. Antonia verlässt Dresden für einige Monate und geht nach Oberhessen, kehrt von dort jedoch im Juli wieder zurück.

Nach Kriegsende ist sie gemeinsam mit einigen Schauspielerkollegen eine der ersten im zerstörten Dresden, die das Theater wieder aufleben lassen. In der „Tonhalle" in der Glacisstraße, heute als „Kleines Haus" genutzt, spielt sie am 10. Juli 1945 die Rolle der Sittha in Lessings Drama *Nathan der Weise*. Nicht nur in Dresden, auch in anderen deutschen Theatern läutet dieses Stück nach dem Krieg den programmatischen Wiederbeginn ein. „Damit kam damals auch für viele Dresdner ein Stück Identität zurück", hebt Anna-Katharina Muck die Bedeutung dieses Neuanfangs hervor.

Mit dem Wechsel des politischen Systems hin zum Sozialismus ändert sich der Anspruch an die Kunst und das Theater. „Die Dietrich galt den Systemträgern als Ikone einer bürgerlich-idealistischen Theaterauffassung, und dennoch blieb sie auch nach dem Krieg eine zentrale Figur des Ensembles", führt die Schauspielerin aus.

Zu ihrem bisherigen Rollenrepertoire gesellen sich nun sowjetische und russische sowie gesellschaftspolitische Theaterstücke. Aber nicht nur in dieser Hinsicht stellen sich Antonia neue Herausforderungen. „Es war für sie auch deshalb eine schwere Zeit, weil sie in einem Alter war, in dem eine Schauspielerin einen Fachwechsel durchleben muss", erläutert Anna-Katharina Muck. „Irgendwann kann man nicht mehr die jungen Mädchen spielen." Dieser Entwicklung sei Antonia Dietrich aber offen begegnet und habe die Veränderung mit Bravour gemeistert. „Sie hat Theater als eine Lebensform verstanden, war davon beseelt, hat alles dafür getan. Sie muss eine unersättliche Neugier besessen haben, hat versucht, sich immer weiterzuentwickeln, und das zeichnet sie auch aus."

„Sie hat Theater als eine Lebensform verstanden, war davon beseelt, hat alles dafür getan. Sie muss eine unersättliche Neugier besessen haben, hat versucht, sich immer weiterzuentwickeln, und das zeichnet sie auch aus."

1959 wird Antonia zum Ehrenmitglied des Staatstheaters ernannt, im selben Jahr kann sie außerdem auf 40 Jahre an der Dresdner Bühne zurückblicken. Zu ihrem Jubiläum erhält sie einen eigens angefertigten Ring, der bis heute an die älteste Schauspielerin weitergegeben wird.

Als 1969 ihr 50-jähriges Bühnenjubiläum ansteht, rechnet Antonia fest damit, dass Generalintendant Hans Dieter Mäde aus diesem Anlass eine große Premiere mit ihr in einer Paraderolle auf die Bühne bringen wird. Doch falsch gedacht, er bietet ihr stattdessen an, im Gobelinsaal in der Gemäldegalerie einen Vortragsabend zu geben. „Das war natürlich ein ganz schöner Affront für sie, quasi in die Besenkammer abgestellt zu werden", kommentiert Anna-Katharina Muck. Und deshalb kommt es für Antonia auch gar nicht infrage, sich vom Intendanten so abfertigen zu lassen. Zumal sich der damals mächtigste Mann Dresdens auf ihre Seite schlägt: Werner Krolikowski, Erster Sekretär der SED-Bezirksleitung. Ute Baum schreibt: „Gewiss hatte Krolikowski keinen anderen Kunstgeschmack als jener Intendant, aber als Machthaber wertete er anders: Alles, was geeignet war, seinem Gebiet Glanz zu verleihen, verdiente Förderung, der Intendant dürfte geschluckt haben, als er den entsprechenden Ukas erhielt." Mädes Vorschlag, Antonia solle doch statt mit ihm mit einem anderen Hausregisseur zusammenarbeiten, schlägt sie in den Wind. Bleibt noch der jüngste Regieassistent Klaus Dieter Kirst, damals 28 Jahre alt, von dem der Theaterleiter wohl annehmen muss, mit ihm werde die „große Antonia" erst recht nicht einverstanden sein, womit sie ihre Pläne für das Jubiläum begraben müsse. Doch weit gefehlt! Nachdem sie sich eine Inszenierung von Kirst angeschaut hat, reden die beiden im Anschluss, und am Ende des Gesprächs sagt sie zu ihm: „Bub, wir machen das zusammen."

Die Premiere von *Frau Jenny Treibel* mit Antonia in der Hauptrolle wird ein grandioser Erfolg, eine halbe Stunde lang hält der Applaus an. Zähneknirschend verfolgt die Theaterleitung von ihren Sitzplätzen aus das Bühnengeschehen, nicht nur hat Antonia sich durchsetzen können, noch dazu klatscht das Publikum begeistert Beifall. Als eine Mitarbeiterin auch noch ein Meer aus roten Rosen vom Schnürboden herabregnen lässt, verlässt die Leitung geschlossen das Theater. Nach dem Ende der Vorstellung habe Antonia ihren Auftritt für ihre Fans noch ein wenig in die Länge gezogen, was auf ihre österreichischen Wurzeln zurückgehe, wie Anna-Katharina Muck erklärt: „Es gibt so eine uralte Wiener Theatertradition, dass man als Schauspieler, wenn es vorbei ist, noch pantomimisch schauspielerische Posen zeigt, also zum Beispiel die Zornige, die Lustige, die Intrigante, und das hat sie an diesem Abend dann gemacht."

Antonia Dietrich kam schon in jungen Jahren ans Staatstheater Dresden – und blieb ihr ganzes Leben.

Bei all dem Ruhm bleibt die eine oder andere Allüre nicht aus. „Als Kirst ihr bei einer Probe eine Szene, die sie nicht so gut hinbekam, vorspielte – und zwar äußerst gut –, war sie wohl sehr pikiert darüber, dass dieser junge Mann ihre Kommerzienrätin auf seine Weise so überzeugend vorführte, und sagte daraufhin zu ihm: ‚Mein lieber Freund, Sie können mir alles sagen, aber spielen tue ich'", schmunzelt Anna-Katharina Muck.

Doch obwohl Antonia an sich selbst und ihr Schauspiel große Ansprüche stellt, ist sie im Umgang bodenständig, liebenswürdig und alles andere als eine eingebildete Diva. „Natürlich zeigte sie einen gewissen Impetus, sie war eben Schauspielerin durch und durch", fügt die Dresdnerin hinzu, „aber sie setzte sich nicht nur für ihre eigenen Belange ein. Sie war zum Beispiel im KÖR aktiv, das war der Künstlerisch-ökonomische Rat, ein Mitbestimmungsgremium für Schauspieler. Und da traf man sich dann immer und besprach Ensemblepolitik, sie engagierte sich also auch für das Theater und für ihre Kollegen."

Trotz ihrer Beliebtheit und ihres Erfolgs ist Antonia niemand, der sich auf seinen Lorbeeren ausruht. Im Gegenteil, weiß Anna-Katharina Muck: „Laut Kirst ist sie nie krank gewesen. Sie war immer da, immer wach, immer vorbereitet und bei jeder Probe konzentriert bis zum Schluss." Und Antonia ist durchaus bewusst, dass das Glück eines Schauspielers von seiner Umgebung abhängt. So schreibt sie in der Dankesrede zu ihrem 50-jährigen Jubiläum: „Ohne Dichter, ohne Regie, ohne Publikum sind wir Schauspieler verloren. Dieser Dreiklang bestimmt unsere Arbeit."

Bis zu ihrem Lebensende spielt Antonia am Theater. Mittlerweile hat sie ein Alter erreicht, in dem sie nicht mehr in der Lage ist, große Rollen zu spielen, aber auch für die kleinen ist sie sich nicht zu schade. Selbst in gesundheitlich bereits angeschlagenem Zustand springt sie für eine erkrankte Kollegin ein, als sie das letzte Mal auf der Bühne zu sehen ist.

Anna-Katharina Muck auf dem Balkon des Staatsschauspiels Dresden.

Kirst schreibt in seiner Hommage: „Die Verbindung der Dresdner mit ihrem Theater ist nicht zuletzt Künstlerpersönlichkeiten wie Antonia Dietrich zu danken, wo Haltung und Können zu einer Botschaft werden, die das Theater durch die Zeiten hinweg immer wieder als moralische Anstalt erneuert." Und Anna-Katharina Muck kommt zu dem Ergebnis: „Ich habe sie ja leider nie gesehen, aber sie verkörpert für mich dieses Kraftvolle, dieses Unbedingte, dass Theater mehr ist als nur ein Job, etwas, das man wollen und leben muss. Und in diesem Beruf zu altern und bis zum Ende präsent zu sein, das ist schon eine große Leistung. Dieser zarte Hang zur Dramatik, diese Lebensart, Schauspieler zu sein, mit diesem Nimbus umgeben sich viele – aber sie muss es wirklich gewesen sein."

„Dieser zarte Hang zur Dramatik, diese Lebensart, Schauspieler zu sein, mit diesem Nimbus umgeben sich viele – aber sie muss es wirklich gewesen sein."

Am 21. August 1975 stirbt Antonia Dietrich im Krankenhaus, Schauspielerin bis zum Schluss – noch am Vorabend hatte sie den Krankenschwestern Goethe vorgetragen.

Elena de F. Oliveira

Erinnerungsort:

Das Staatsschauspiel Dresden, auf dessen Bühne Antonia Dietrich fast ihr ganzes Leben lang zu Hause war, befindet sich in der Theaterstraße 2.

Geboren, um zu fliegen
Tollkühne Frau im Höhenrausch

MELLI BEESE (1886-1925)

*S*ie wollte fliegen, immer nur fliegen. Doch das Leben dieser Virtuosin der Lüfte endete denkbar dramatisch. Amelie Hedwig Beese, genannt Melli, hat sich 1925 erschossen. Die letzten Worte dieser ersten deutschen Frau, die, allen Widerständen zum Trotz, einen Flugschein erwarb, lauteten, hingeworfen auf einen Zettel: „Fliegen ist notwendig. Leben nicht." Dabei beginnt ihr Leben im Dresdner Stadtteil Laubegast – damals noch eine eigenständige Gemeinde – so vielversprechend: Sie geht in Laubegast zur Schule und ist eine der Besten, zweimal wird sie sogar im schuleigenen „Prämienbuch" erwähnt. Musikalisch und sprachbegabt ist sie obendrein, spielt schon früh Geige und andere Instrumente, spricht mit 20 mehrere Sprachen, darunter Schwedisch und Russisch. Die Tochter wohlhabender Eltern studiert an der Königlichen Akademie der freien Künste in Stockholm Bildhauerei, interessiert sich aber schon damals sehr für das Fliegen. „Sie hat in Stockholm von den Flugversuchen der Brüder Wright gehört, und das hat sie ungemein fasziniert", sagt Dr. habil. Anne-Simone Rous, die sich mit dem Leben der ersten deutschen Pilotin beschäftigt.

Als Melli Beese Ende 1910 nach Deutschland zurückkehrt, führt ihr Weg sie schnurstracks an das Technikum Dresden. „Sie hat Vorlesungen in Mathematik, Mechanik, Flugmechanik und Schiffsbau besucht", erzählt die Historikerin. Doch sie will die Flugzeuge nicht nur vom Boden aus betrachten, nein, sie möchte sich selbst in die Lüfte erheben! Allein, das Vorhaben gestaltet sich als ziemlich schwierig.

Die Männerwelt ist nämlich alles andere als begeistert von der Idee, eine Frau am Himmel zu sehen. Melli versucht ihr Glück

Melli Beese steht warm eingepackt vor einem offenen Flugzeug.

in Berlin: Bei den Albatros Flugzeugwerken weist man sie ab mit der Bemerkung, man habe keine Erfahrung mit weiblichen Schülern. Als nächstes spricht sie bei den Wright-Flugzeugwerken vor, aber auch hier hat sie Pech, obwohl – oder gerade weil – hier zuvor schon die Ballonfahrerin Käthe Paulus (1868-1935) unterrichtet worden war. Noch eine Frau, findet Fluglehrer Paul Engelhard, sei nun wirklich zu viel des Guten. „Melli wurde vom einen zum anderen geschoben, denn keiner wollte verantworten, die erste Frau als Pilotin auszubilden", sagt Anne-Simone Rous und fügt hinzu: „Aus Sicht der Männer war die Fliegerei nichts mehr wert, wenn diese Kunst auch von einer Frau beherrscht würde, denn dann wäre ja ihr Nimbus weg. Die allgemeine Meinung war, eine Frau könne nicht fliegen, das sei sogar erwiesen. Es gab sogar Professoren, die schrieben, Frauen seien dazu rein physisch nicht in der Lage."

Doch Melli lässt sich von den Vorbehalten nicht einschüchtern. Bei der Fluggesellschaft Ad Astra bekommt sie endlich ihre Chance: Fluglehrer Robert Thelen nimmt sie als Schülerin an. Harten Gegenwind bekommt sie aber nach wie vor, denn die anderen Flugschüler fühlen sich mit einer Frau in ihrer Mitte in ihrem Stolz gekränkt. Wie sehr triumphieren sie, als Melli im Dezember 1910 mit Thelen aufgrund eines technischen Defekts aus etwa 20 Metern Höhe abstürzt. Die junge Frau bricht sich dabei den Knöchel und wird mit Morphium behandelt, was eine lebenslange Sucht bei ihr auslöst. Viel schmerzhafter als der gebrochene Knöchel ist für Melli allerdings, dass sich ihr Lehrer ab sofort weigert, ihr weiterhin Flugstunden zu geben. Mit Frauen zu fliegen, bringe – darin fühlt sich Thelen nun bestätigt – eben doch nur Unglück.

Anne-Simone Rous vor einer Gedenkplatte für die große Fliegerin an deren Geburtshaus.

„Aber sie findet einen neuen Fluglehrer bei den Rumpler-Werken. Dort glaubt man, eine Frau als Flugschülerin verschaffe ihnen Bekanntheit", erzählt die Historikerin die wechselvolle Geschichte weiter. Im Gegensatz zu den Unternehmenschefs ist Fluglehrer Hellmuth Hirth (1886-1938) jedoch alles andere als begeistert von der Idee, eine Frau unterrichten zu sollen. „Er hat versucht, ihr Probleme zu bereiten, wo es nur geht", unterstreicht Rous. „Immer, wenn eigentlich Melli dran gewesen wäre, war das Flugzeug ganz zufällig schon von einem anderen Schüler besetzt." Auch die Mitschüler machen der jungen Frau das Leben schwer: „Sie haben Benzin abgelassen, Zündkerzen ausgetauscht und dergleichen Dinge mehr, das war teilweise wirklich gefährlich. Sie haben alles getan, damit sie ihre Prüfungen nicht besteht." Dabei werden sie vom missgünstigen Lehrer Hirth eifrig unterstützt. „Wenn Zwischenprüfungen waren, sagte man ihr, der Plan sei voll, und dann musste sie wieder ein Vierteljahr warten. So zog sich das hin, und sie hat in ihren Tagebüchern immer wieder geflucht über die blöden Männer."

Mellis Wachsamkeit ist es zu verdanken, dass sie durch die Sabotagen nicht zu Schaden kommt: „Zum Beispiel wurden einmal die Tragflächen manipuliert. Hätte Melli das nicht bemerkt, wäre das Flugzeug abgestürzt", schildert die Wissenschaftlerin. Fluglehrer Hirth sieht allerdings keinen Grund zur Aufregung, zeigt sogar noch Verständnis. Es handle sich doch nur um einen „Streich von Männern, einer Frau gespielt, die unerlaubt in ein den Männern vorbehaltenes Revier eingedrungen ist".

Doch an ihrem 25. Geburtstag kann Melli triumphieren: Sie meldet sich heimlich zur Prüfung an, besteht frühmorgens, als alle Kollegen noch schlafen, und hält als erste Frau Deutschlands ihren Flugschein, die „Flugzeugführerlizenz Nummer 115", in Händen.

Und dann macht Melli Beese ihr Hobby zum Beruf: 1912 gründet sie zusammen mit Charles Boutard, ihrem späteren Ehemann, und Hermann Reichelt die „Flugschule Melli Beese GmbH". Finanziell greift ihr Karl August Lingner, der Erfinder des Mundwassers Odol, unter die Arme. Sie begründet die Eröffnung ihrer Flugschule folgendermaßen: „Auf mannigfache Anregung hin habe ich mich entschlossen, auf dem Flugplatz Johannisthal eine eigene Flugschule zu errichten. Ich bin dabei von der Erwägung ausgegangen, dass es an der Zeit ist, den in vielen Beziehungen ungeregelten Zuständen in manchen Flugschulen dadurch ein Ende zu machen, dass ein wirklich ordnungsgemäßes und straff geordnetes Institut die Ausbildung zum Flieger nach festgesetzten Grundsätzen übernimmt. Vor allem soll der Unterricht schnell erfolgen, und zwar auf Wunsch auf Maschinen verschiedener Gattung […]. Da ich einerseits unter allen Umständen nur eine beschränkte Anzahl von Schülern annehmen will und mir andererseits drei Maschinen und drei Fluglehrer zur Verfügung stehen, so wird der fast überall eingerissene Übelstand entfallen, dass die Schüler Wochen und Monate auf dem Flugplatz verweilen, ohne überhaupt zum Fliegen zu kommen."

„Melli und ihre beiden Kollegen bauen sogar selbst Flugzeuge und entwickeln die sogenannte Beese-Taube."

Doch das Betreiben einer Flugschule habe Melli Beese nicht ausgereicht, sagt Anne-Simone Rous: „Melli und ihre beiden Kollegen bauen sogar selbst Flugzeuge und entwickeln die sogenannte Beese-Taube." Neben beträchtlichen technischen Weiterentwicklungen konstruiert das Team auch ein Flugboot. Es läuft gut im Leben der jungen Frau, die so hart für ihren Traum gekämpft hat. Sie ist erfolgreich – und verliebt: Im Januar 1913 heiratet sie ihren Teilhaber Charles Boutard. Melli nimmt die französische Staatsbürgerschaft an, ein Umstand, der ein Jahr später eine große Rolle spielen wird: Als der Erste Weltkrieg ausbricht, ist sie eine feindliche Ausländerin, ebenso wie ihr Gatte. Beide werden verhaftet und gezwungen, Fabrik und Flugschule zu schließen. Nach mehreren Stationen wird das Ehepaar schließlich in Wittstock/Dosse interniert. Beide erkranken an Tuberkulose, und Melli nimmt wieder Morphium. Die Lebensbedingungen sind fürchterlich: Melli schreibt später in ihren Erinnerungen, man habe das Grün des Rasens essen müssen, um nicht zu verhungern.

Nach dem Krieg kann Melli Beese nach Johannisthal zurückkehren. Sie ist ein gesundheitliches Wrack und steht vor dem Nichts: Ihre Flugzeuge hat man demontiert, das Holz des Hangars zum Heizen genommen. Nach dem Versailler Vertrag darf sie keine neuen Flugzeuge bauen. Obwohl sie Französin ist, gelten für ihre Flugschule und

Fabrik auf deutschem Boden die entsprechenden Regeln des Friedensvertrages. Noch dazu ist die technische Entwicklung an ihr vorbeigezogen. Einsam ist sie auch und voller Sorge um ihren Mann. Er wurde in Frankreich verhört, warum er denn während des Kriegs in Deutschland geblieben sei. Doch Melli Beese ist eine Kämpferin. Sie bemüht sich um Schadensersatz für Firma und Schule, der ihr auch gewährt wird. Als sie in eine Automobilfirma investiert, rechnet sie nicht damit, dass die Zeitgenossen sie wegen ihrer Nähe zu Frankreich meiden. Das Unternehmen geht in Konkurs. Die wenigen Freunde können das nötige Geld in der Nachkriegszeit nicht zusammenbringen. Trost sucht Melli Beese nur im Morphium – und in den Armen ihres Mannes, der inzwischen aus Frankreich zurückgekehrt ist. Die beiden haben Pläne, schöne, vielversprechende Pläne: Einmal um die Welt wollen sie fliegen und einen Dokumentarfilm darüber drehen und verkaufen. Doch diese Träume lassen sich schlicht nicht finanzieren.

Bei der vorgeschriebenen Erneuerung ihres Pilotenscheins endet die Prüfung für Melli Beese mit einer Bruchlandung. Ob Unfall oder Materialschaden, lässt sich nicht mehr klären. Damit ist die einst so mutige und lebensfrohe Frau vollkommen am Ende. Kurz vor Weihnachten, am 21. Dezember 1925, inzwischen auch von ihrem Mann getrennt, erschießt sie sich. Zuvor hat sie noch notiert: „Fliegen ist notwendig. Leben nicht."

Eva-Maria Bast

Erinnerungsorte:

In Dresden erinnern mehrere Orte an Melli Beese: ihr Geburtshaus in der Österreicher Straße 84, die nach ihr benannte Melli-Beese-Straße und die Melli-Beese-Grundschule.

Alltägliches Ärgernis
Mit Hammer, Nagel und Löschpapier

*B*rodelndes Wasser auf dem Herd, der Kessel pfeift, in der Kanne ist das Kaffeemehl schon vorbereitet. Doch statt der Vorfreude auf den verführerischen Duft frisch gebrühten Kaffees und dem wohligen Gefühl beim Genuss des anregenden Getränks stellt sich bei Melitta Bentz nur die Vorahnung einer bereits bekannten Enttäuschung ein: Wie oft hat sie sich nicht schon geärgert, weil sie, statt pures Wohlgefühl zu empfinden, Kaffeesatz zwischen den Zähnen spürte?

Was heute seltsam anmutet in einer Welt voller Kaffeevollautomaten, die auf Knopfdruck krümelfreien Latte macchiato, Cappuccino oder Caffè mocha erzeugen, war für die Erfinderin Realität. Doch damit wollte sie sich nicht abfinden: Eine einfache Hausfrau, geboren in Dresden am 31. Januar 1873 als Amalie Auguste Melitta Liebscher, die tagein, tagaus Kaffee zubereitet, stellt sich der Herausforderung und revolutioniert die Methoden der Zubereitung des geliebten Heißgetränks.

„Sie war die Tochter eines Verlagsbuchhändlers, und ihre Großeltern besaßen eine Brauerei", erzählt Gästeführerin Maria Hardtmann, die sich mit den Wirtschaftspionieren in Dresden intensiv beschäftigt hat, und stellt fest: „Wie man ein Geschäft führt und auch der Unternehmergeist war ihr sozusagen in die Wiege gelegt worden."

Melitta ist die Frau, die den Kaffeefilter erfindet. Doch bevor es so weit ist, tritt ein ganz besonderer Mann, Johannes Emil Hugo Bentz, in ihr Leben. Die beiden verlieben sich ineinander und schon bald wird Hochzeit gefeiert. Noch vor der Jahrhundertwende kommt 1899 ihr erster Sohn Willy zur Welt. Willy bleibt nicht lang allein, 1904 gesellt sich ein weiterer Sohn, Horst, zur Familie. Melitta ist vollauf beschäftigt mit

---

Dieser Frau – Melitta Bentz – ist es zu verdanken, dass der Kaffee im Mund nicht mehr krümelt.

ihren Pflichten als Mutter und Hausfrau, und zu denen gehört eben auch – genau: das Zubereiten von Kaffee, das sie wegen der ständigen Krümelei zur Weißglut treibt. „Wie lange Melitta über das Problem gegrübelt hat, lässt sich leider nicht sagen", erklärt Maria Hardtmann. Doch irgendwann hat sie beim Blick auf die Löschpapierblätter in den Schulheften der Kinder einen Gedankenblitz. Sie greift nach einem Messingbecher und schon geht es los. Mit Hammer und Nägeln schlägt sie Löcher in den Behälter, zieht einen Bogen Löschpapier aus den Heften, schneidet es passend zu, legt es in den Messingbecher – et voilà: Der Kaffeefilter ist geboren. Ob Melitta damals schon damit gerechnet hat, dass ihr Name zu einer Kultmarke werden würde? Ziemlich sicher nicht. Doch die Gewissheit, dass der Kaffee sich nun ganz ohne lästige Krümel den Weg in die Kanne bahnt, ist überwältigend.

„Die Anfänge ihres Verkaufserfolges kann man sich so ähnlich wie heute eine Tupperparty vorstellen."

Melitta findet Gefallen an ihrem Hilfsmittel aus einem zylindrischen Siebbecher und einem runden Filterpapier und entwickelt es weiter. Sie ist so überzeugt von ihrer Idee, dass sie im Sommer 1908 ihre Erfindung schützen lässt und beim Kaiserlichen Patentamt zu Berlin ein Patent für ihren „Kaffeefilter mit nach unten gewölbtem, mit einem Abflussloch versehenen Boden und lose einliegendem Siebe" anmeldet. Melitta Bentz gedenkt nicht, es dabei zu belassen und ihr Patent einfach nur abzuheften: Sie will andere an ihrer Erfindung teilhaben lassen und durchaus auch an ihrer Idee verdienen. „Die Anfänge ihres Verkaufserfolges kann man sich so ähnlich wie heute eine Tupperparty vorstellen", berichtet Maria Hardtmann schmunzelnd. „Sie hat bei ihren Freundinnen und Nachbarinnen Kaffee mit ihrer Apparatur gekocht. Dank deren Begeisterung hat sich ihre Erfindung in Dresden mittels Mundpropaganda verbreitet." Doch darauf allein verlässt sie sich nicht, auch in Kaufhäusern und auf diversen Messen kann man ihr Produkt erwerben. Erfreut über die steigende Nachfrage, entschließt sie sich im Dezember zum nächsten Schritt und gründet mit einem Eigenkapital von 73 Reichspfennigen das Familienunternehmen mit dem Namen „Melitta".

Ihr Mann Emil Hugo und die beiden Söhne sind ihre ersten Mitarbeiter. Und nach den anfänglichen wirtschaftlichen Erfolgen kann sie 1910 schon die ersten Auszeichnungen einheimsen: Auf der Internationalen Hygieneausstellung in Dresden bekommt sie die goldene Medaille verliehen.

Das Unternehmen wächst und das Ehepaar teilt sich die anstehenden Aufgaben, bis der Erste Weltkrieg auch auf den Familienbetrieb düstere Schatten wirft. Melitta sorgt sich um ihren Mann, der an der Front kämpft, das Unternehmen führt sie gezwungenermaßen allein. Hinzu kommt, dass die Einfuhr von Kaffee verboten wird, auch die Filterpapierherstellung muss ruhen, da kaum noch Papier aufzutreiben ist. „Doch die mutige Frau gibt nicht auf", berichtet die Dresdnerin. Abermals beweist Melitta Spürsinn und kann sowohl die Firma über diese mehr als heikle Zeit retten als auch den Lebensunterhalt der Familie mit dem Verkauf von Kartons sichern. Mit dem Ende des Kriegs 1918 beginnt ihr Geschäft wieder zu florieren – so sehr, dass Melitta Bentz in ihren Produktionshallen langsam Platzprobleme bekommt. Da trifft es sich gut, dass sie und ihr Mann bei einer Reise nach Minden die Gebäude einer stillgelegten Schokoladenfabrik entdecken. Hier ist Platz genug, Minden gefällt dem Ehepaar, die Entscheidung für eine Umsiedlung ist schnell getroffen: 1929 zieht Melitta Bentz mit Sack und Pack um. Das war, wie sich zeigen wird, die richtige Entscheidung – der Umsatz steigt, die Filter werden weiterentwickelt. 1936 dann ein weiterer Meilenstein in der Firmengeschichte: Der nach unten spitz zulaufende Filterkörper und die dazu passenden Filtertüten kommen auf den Markt. Auch hier ist Melitta auf der Hut und lässt sich den Begriff „Filtertüte" als Markenbezeichnung schützen. „Deshalb gibt es heute auch nur Filtertüten von Melitta. Kein anderes Produkt darf sich als *Filtertüte* bezeichnen", erläutert die Gästeführerin.

Melitta Bentz ist eine gute Chefin: Sie gilt als das „soziale Gewissen" der Firma. Früh führt sie Urlaubs- und Weihnachtsgeld für ihre Mitarbeiter ein. „Sie zeigte immer Einsatz und hatte für ihre Beleg-

> „Deshalb gibt es heute auch nur Filtertüten von Melitta. Kein anderes Produkt darf sich als ‚Filtertüte' bezeichnen."

schaft stets ein offenes Ohr", merkt Maria Hardtmann an. „Auch wenn sie ihre letzten Lebensjahre nicht mehr in Dresden verbracht hat, so legte sie hier doch den Grundstein für ihr Unternehmen und führte es auch lange Zeit sehr erfolgreich", resümiert die Dresdnerin.

Melittas Tod im Jahr 1950 löst große Trauer in der Stadt aus. Doch als Trost hinterlässt sie jedem Kaffeeliebhaber einen perfekten Kaffeegenuss. Krümelfrei.

Melanie Kunze

Kaffee:

1671 erzählt Antonius Faustus Naironus (1636-1707) in seinem Buch *De saluberrima potione cahve* die Legende von der Entdeckung des Kaffees. Angeblich soll den Hirten des Königreichs Kaffa (im heutigen Äthiopien gelegen) aufgefallen sein, dass die Ziegen immer bis in die Nacht hinein munter waren, nachdem sie von einem Strauch mit weißen Blüten und roten Früchten genascht hatten. Die Hirten erzählten den Mönchen im nahegelegen Kloster von ihrer Entdeckung und berichteten auch über den Selbstversuch des Hirten Kaldi, der nach dem Genuss der Beeren ebenfalls eine belebende Wirkung feststellte. Neugierig geworden, gingen sie an die Stelle, wo die Sträucher wuchsen, bereiteten sich aus den gesammelten Früchten einen Aufguss zu und bemerkten nach dessen Genuss einen ungemein belebenden Effekt. Fortan konnten sie die Nächte über wach bleiben und sich angeregt unterhalten.

Ursula Bergander – porträtiert 1940/46 von ihrem Mann Rudolf.

Traubenzucker für die Wehen
Ein schmerzarmes Geburtshaus

Immer wieder blickt die Gebärende zur Tür. Wo die Hebamme nur bleibt? Sie liegt doch nun schon seit mindestens einer halben Stunde in der Badewanne. Ob man sie vergessen hat? Doch eigentlich, stellt Ursula Bergander fest, ist es ganz angenehm in dieser Badewanne – und das trotz geplatzter Fruchtblase. Die Wehen sind lange nicht so schmerzhaft wie beim ersten Kind, das sie ganz allein, nur mit der Hilfe ihrer Mutter – die allerdings Hebamme ist – zur Welt gebracht hat. Ursula beginnt sich zu entspannen – und empfindet die gesamte Geburt als relativ schmerzarm und viel angenehmer als beim ersten Mal.

„Diese Erfahrung hat die Medizinerin animiert, das erste schmerzfreie Geburtenhaus der DDR zu gründen, das von 1958 bis 1978 bestand und in dem rund 18.000 kleine Dresdnerinnen und Dresdner geboren wurden", sagt Christina Avdi, die sich viel mit den Frauen, die Dresden in den vergangenen Jahrzehnten und Jahrhunderten geprägt haben, beschäftigt hat.

Bis dahin war es aber ein weiter Weg: „Ursula hat lange kämpfen müssen, um als weibliche Medizinstudentin akzeptiert zu werden", sagt Christina Avdi. Im Anschluss an ihr Studium übernimmt Ursula die Praxis ihrer Mutter in Meißen und arbeitet dann im Krankenhaus Dresden-Neustadt. „Sie hat in ihrer Facharztausbildung herausgefunden, dass man weniger Anästhesiemittel braucht bei Patienten, mit denen man längere vertrauensbildende Gespräche geführt hatte." Das wie auch die Szene in der Badewanne habe der Medizinerin – deren Mutter Elisabeth Titze ihrer Tochter schon früh und entschlossen den Weg zu einer guten Bildung freigekämpft hatte – klargemacht, wie wichtig es ist, Frauen die Angst vor dem Gebären zu nehmen. Gar zu viel Handlung seitens der Hebammen und Ärzte brauche es ebenso wenig wie viele Medikamente. „Sie hat gesagt: Ein Geburtshelfer braucht nur einen Schemel: hinsetzen und abwarten, bis es so weit ist. Es ist wichtig, der Natur ihren Lauf zu lassen", erzählt Christina Avdi. In Ursula Berganders „Klinik für schmerzarme Geburt" waren auch die Väter eingeladen, diesem Wunder der Natur beizuwohnen. „Das war damals in der DDR vollkommen untypisch", ordnet Christina Avdi diesen Umstand als

Christina Avdi steht vor der einstigen Geburtsklinik der Ursula Bergander.

76

Fortschrittlichkeit ein. „Allerdings haben sich das am Anfang die wenigsten Männer getraut."

Für ihr Geburtenhaus warb die Gynäkologin kräftig – in Frauenzeitschriften und sogar im Fernsehen. Und die Schwangeren und Gebärenden kamen zahlreich und wurden von der Ärztin und ihrem 40-köpfigen Team liebevoll umsorgt: Sie saßen strickend beisammen, sahen fern und tranken, wenn die Presswehen einsetzten, Tee mit Traubenzucker, der ihnen zusätzliche Energie verleihen sollte. Una Giesecke beschreibt die im Geburtshaus herrschende Stimmung in ihrem Aufsatz *Das Wichtigste, was ein Geburtshelfer braucht, ist ein Schemel* so: „Welcher Zauber konnte in einem Kreis sich wölbender Bäuche liegen. Noch versuchte kein Ultraschall, den Schleier zu lüften. Nur das hölzerne Hörrohr meldete ein leises Klopfen: die Dinge nahmen ihren natürlichen Lauf. In ausführlichen Gesprächen über den Geburtsvorgang verloren die ‚jungen Muttis' ihre Unsicherheiten, bei Entspannungsübungen und Gymnastik probten sie die neue Atemtechnik. Durch die geforderte Mitarbeit konnten sich Ängste und Verkrampfungen lösen." Ursula Bergander wird von der Autorin als „kleine ruhige Frau" mit rundem Gesicht beschrieben, die „hinter Schmetterlingsbrille und sachlicher Erscheinung so viel freundliche Wärme versteckte".

„Sie hat gesagt: Ein Geburtshelfer braucht nur einen Schemel: hinsetzen und abwarten, bis es so weit ist. Es ist wichtig, der Natur ihren Lauf zu lassen."

Eine dunklere Seite gibt es allerdings: Im Jahr 1936, also lange vor der Gründung ihrer Geburtsklinik, wird Ursula Bergander Mitglied in der NSDAP. Christina Avdi vermutet, dass sie durch den Parteieintritt ihren Mann, den jungen kommunistischen Künstler Rudolf Bergander, schützen wollte. Una Giesecke hält dies ebenfalls für möglich: „Vielleicht teilte sie die allgemeine Überzeugung angesichts des Rückgangs der drückenden Arbeitslosigkeit. Vielleicht glaubte sie tatsächlich, ihrem kommunistischen Liebsten dadurch Rückendeckung geben zu können." Später jedenfalls wird sie „überzeugtes SED-Mitglied. Die neue Ideologie entsprach dem Berufsethos der Ärztin, kranken Menschen unabhängig von ihrer finanziellen Lage helfen zu können. Sämtliche Kosten für die Entbindungsstation mit 40 Angestellten und die gynäkologische Praxis übernahm das staatliche Gesundheitswesen", wie Giesecke schreibt.

Fakt ist: Ursula Bergander war die Seele ihres Geburtenhauses. Mit ihr standen und fielen das Geschick und der Erfolg. „Als sie zu alt war, um das Haus nach wie vor leiten zu können, wurde es dann auch relativ schnell geschlossen", bedauert Christina Avdi.

> *„Als sie zu alt war, um das Haus nach wie vor leiten zu können, wurde es dann auch relativ schnell geschlossen."*

Heute sieht keiner dem Gebäude mehr an, dass hier einst schwangere Mütter strickend und plaudernd vor dem Fernseher saßen und mit Einsetzen der Presswehen noch rasch eine Tasse Tee mit Traubenzucker tranken.

Eva-Maria Bast

Erinnerungsort:

Das Haus, in dem Ursula Bergander ihr Geburtenhaus betrieb, steht in der Georgenstraße 4.

Kurfürstin Anna von Sachsen nach einem Porträt von Lucas Cranach dem Jüngeren aus dem Jahr 1564.

ANNA VON DÄNEMARK (1532-1585)

GLAUBEN, FRÜCHTE UND ARZNEI
Das Erbe der Landesmutter

In der sächsischen Landesgeschichte gibt es einige Frauen, die Anna von Sachsen heißen. Aber nur eine von ihnen hat als Kurfürstin in Dresden gewirkt. Zu diesem Titel hätte es außer ihrer Heirat mit August von Sachsen (1526-1586) nichts weiter bedurft, aber Anna legt als Landesherrin nicht einfach die Hände in den Schoß, im Gegenteil: Sie ist stets um das Wohl ihrer langjährigen Heimat bemüht und hinterlässt ihr ein beträchtliches Erbe. „Was mir an ihr besonders imponiert: Sie hat sich unheimlich für alles Mögliche engagiert", sagt Cosima Curth. Die Stadtführerin kam schon in jungen Jahren mit Anna von Sachsen in Kontakt, wie sie erzählt: „Als Kind musste ich immer auf dem Sternenplatz zum Arzt, und daneben steht die Annenkirche. Früher dachte ich, sie ist nach der heiligen Anna benannt, bis ich dann irgendwann mitbekam, dass der Name auf eine sächsische Kurfürstin zurückgeht."

Als Anna am 22. November 1532 zur Welt kommt, wissen der dänische König Christian III. (1503-1559) und seine Frau Dorothea (1511-1571) noch nicht, dass ihre Erstgeborene als sächsische Kurfürstin in die Geschichte eingehen wird. Von ihrer Mutter lernt Anna, einen Haushalt zu führen, sie kann spinnen, nähen und besitzt darüber hinaus landwirtschaftliche Kenntnisse. Dorothea bringt ihrer Tochter außerdem die Wirkstoffe unterschiedlicher Heilkräuter bei.
Im Alter von 15 Jahren wird sie am 7. Oktober 1548 mit August verheiratet, dem jüngeren Bruder des amtierenden Kurfürsten Moritz von Sachsen (1521-1553). Da Moritz keinen männlichen Erben hinterlässt und 1553 auf dem Schlachtfeld ums Leben kommt, folgt August ihm auf den Thron. Das Herrschaftsgebiet, das sein verstorbener Bruder auf kriegerische Weise aufgebaut hat, gilt es nun ökonomisch zu stabilisieren. Tatkräftige Unterstützung erhält August dabei von seiner Gattin. „Obwohl die Hochzeit arrangiert war, ist es eine sehr glückliche Beziehung geworden", hebt die Gästeführerin hervor.

Aus der Ehe, die fast 37 Jahre hält, gehen 15 Kinder hervor, vier von ihnen erreichen das Erwachsenenalter. Anna ist eine strenge Mutter, und wenn sie auch mit ihrer gleichnamigen, in ihrer Obhut stehenden Nichte sehr barsch und unfreundlich umgeht, legt sie bei ihren anderen Schützlingen doch großen Wert auf die mustergültige Erziehung, viele Fürstenhäuser geben ihre Kinder in Annas Obhut.
In der Landwirtschaft packt sie ebenfalls mit an. „August hatte ihr ein Vorwerk, einen bewirtschafteten Gutshof, am Rande Dresdens geschenkt, den sie sehr effizient leitete", berichtet Cosima Curth. „Sie sorgte unter anderem dafür, dass neue Pflanzen angebaut werden, und führte die Tabakpflanze und Tulpen in Sachsen ein." Als der Kurfürst sieht, mit welchem Erfolg seine Gattin sich dieser Aufgabe annimmt, fasst er einen bedeutungsvollen Beschluss: Er überträgt ihr die Verantwortung für sämtliche Gutshöfe der Region. Damit zollt er der Leistung seiner Frau nicht nur Anerkennung, er demonstriert auch öffentlich sein Vertrauen in Anna. Und das wird nicht enttäuscht, die

Kurfürstin kommt der Bewirtschaftung der Güter gewissenhaft nach. Anna lässt, wie auch ihr Mann, neue Obstbäume nach Sachsen bringen. „All die Obstplantagen, die wir im Osten von Dresden haben, gehen auf diese Zeit zurück", ergänzt Cosima Curth.

Nicht nur mit Früchten und Gemüse, auch mit tierischen Produkten will Anna ihre Untertanen besser versorgt wissen. So importiert sie beispielsweise Vieh aus den Nachbarländern, um bessere Ergebnisse in der Tierzucht zu erzielen. Sie legt Fischteiche an, betreibt Bienenzucht und stellt selbst Butter und Käse her. „Durch diese Maßnahmen hat sie den Wohlstand im Land nachhaltig gesteigert, denn die Bevölkerung hat ihre Methoden übernommen und weiter umgesetzt", weiß die Stadtkennerin.

Auch ihre botanischen Kenntnisse aus Kindertagen baut Anna am Hof in Dresden weiter aus. In ihren eigens dafür eingerichteten Laboratorien in Annaburg entwickelt die Autodidaktin ab 1556 auf der Grundlage ihres Heilkräuterwissens Arzneien, der kurfürstliche Leibarzt Paul Luther (1533-1593), Sohn des Reformators Martin Luther (1483-1546), steht ihr dabei als Ratgeber zur Seite. Zudem korrespondiert die Kurfürstin mit zahlreichen Ärzten und tauscht ihre Ergebnisse aus. Und als wäre es nicht schon außergewöhnlich genug, dass eine Frau zu dieser Zeit des Schreibens mächtig ist, hinterlässt Anna eine wahre Flut von rund 10.000 Briefen.

Aus Kräutern und Pflanzen entstehen Salben, Öle und Heilpflaster, aber auch kosmetische Körperpflegeprodukte wie Seife oder Duftwasser. Als Allheilmittel beliebt ist außerdem ihr selbstgebrannter Aquavit: Zu Neujahr verschenkt sie die Spirituose in kleinen Glasfläschchen an die Bevölkerung – mit der Bitte, die kostbaren Behältnisse wieder zurückzugeben. „Das Recycling war ihr also auch schon wichtig", stellt Cosima Curth bewundernd fest.

Nachdem sie ihr pharmazeutisches Wissen jahrelang praktisch erprobt hat, gründet Anna 1581 die erste Hofapotheke, in der sie kostenlose Beratungen anbietet. „Leute, die es sich nicht leisten konnten, einen Arzt zu konsultieren, konnten sich hier zumindest eine grundlegende Empfehlung holen", führt die Dresdnerin aus. „Das muss man sich mal vorstellen: eine Herrscherin als medizinische Beraterin für die Bevölkerung!" Doch gerade ihre Position als Kurfürstin kommt

Anna bei ihren Tätigkeiten sicherlich zugute, denn sie bewahrt sie vor einem Schicksal, das manch andere Frau zu dieser Zeit trifft, die mit Heilpflanzen experimentiert: „Damals wurden Kräuterhexen noch verbrannt", erläutert Cosima Curth.

Vermutlich trägt auch der Verlust vieler ihrer Kinder dazu bei, dass Anna sich beherzt der Bekämpfung von Krankheiten widmet. Die Erfahrung mit den Geburten ihrer eigenen Kinder vor Augen, setzt sie sich überdies für die Ausbildung von Hebammen ein und macht die Geburtshilfe zu einer ehrbaren Tätigkeit.

Obwohl es Anna bei all der Haus- und Landwirtschaft sowie ihren pharmazeutischen Forschungen bestimmt nicht langweilig wird, engagiert sie sich noch in einem weiteren Bereich: der Politik. Bei fast allen seinen Reisen begleitet sie ihren Gatten, die kurfürstlichen Eheleute verbringen in den 37 Ehejahren nur wenige Wochen getrennt voneinander. Vor allem in religiösen Fragen hat die streng lutherisch erzogene Anna klare Vorstellungen. Nicht nur gegen den Katholizismus, auch gegen Vertreter protestantischer Strömungen wie Calvinisten und Philippisten geht sie gnadenlos vor – und zieht damit den Spott einiger Hofbeamten auf sich. „Es gab richtige Schmähschriften gegen sie, in denen von ‚Weiberherrschaft' die Rede war", berichtet Cosima Curth. Das lässt August, der bisher auch den sich an Philipp Melanchthon (1497-1560) orientierenden Philippisten angehört, nicht auf sich und seiner Gattin sitzen: Er demonstriert Schulterschluss mit Anna und konvertiert zu den orthodoxen Lutheranern. Die Verfasser der sie anfeindenden Zeilen werden 1574 gefoltert, hinter Gitter gesperrt oder ins Exil vertrieben. Wenn es um ihren Glauben geht, kennt Anna kein Erbarmen. „Es war grässlich für sie, zu erleben, dass eine ihrer Töchter in ein calvinistisches Haus einheiratete", erzählt die Gästeführerin. „Und als das erste Kind ihrer Tochter gestorben war, hat sie gesagt: ‚Lieber ein totes als ein calvinistisches Kind.'" So fragwürdig diese unnachgiebige Haltung erscheinen mag – Anna trägt indirekt ent-

Cosima Curth vor der Annenkirche.

scheidend zur konfessionellen Entwicklung des Landes bei: Um sich fortan eindeutig gegenüber abweichenden Glaubensströmungen innerhalb der evangelischen Theologie nach Luthers Tod (1546) abzugrenzen, veranlasst August 1577 die Formulierung einer lutherischen Lehrnorm, der sogenannten Konkordienformel, zu der sich die kursächsischen Pfarrer bekennen müssen.

Am Ende ihres Lebens erliegt Anna einer der Krankheiten, die sie viele Jahre zu bekämpfen versucht hat: Am 1. Oktober 1585 stirbt sie an der Pest. Lange Zeit gerät ihre Bedeutung als Verfechterin des Luthertums und erste deutsche Apothekerin in Vergessenheit, erst im 19. Jahrhundert schenkt man ihr wieder die gebührende Aufmerksamkeit. Katrin Keller schreibt in der *Sächsischen Biografie*: „Schon um 1860 wurde sie als vorbildhafte Frau im Sinne eines bürgerlichen Ideals thematisiert, als untadelige Landesmutter, die den Kranken und Schwachen beistand, die Güter erfolgreich verwaltete und ihren Eheherrn mustergültig umsorgte, kurz als ‚Mutter Anna'."

In einer Zeit, als das Land sich wirtschaftlich regenerieren musste, hätte es sich wohl keine bessere Kurfürstin wünschen können als diese energische Frau. „Sie hatte natürlich auch den passenden Mann an ihrer Seite, der ihr die entsprechenden Freiheiten ließ und ihr Rückendeckung gab", räumt Cosima Curth ein. Wenn man bedenkt, dass Anna ständig schwanger war und trotzdem nebenbei noch so viel Enthusiasmus für alles andere aufbrachte, kann man der Gästeführerin zufolge nur zu einem einzigen Urteil kommen: „Diese Frau war eine Wucht!"

Elena de F. Oliveira

Erinnerungsort:

1869 schuf Bildhauer Robert Henze (1827-1906) das Annendenkmal, das heute vor der Annenkirche am Freiberger Platz steht. In ihrer rechten Hand trägt Anna einen Schlüsselbund, der sowohl als Verweis auf ihre dänische Herkunft als auch symbolisch für ihre Schlüsselgewalt über die zahlreichen Gutshöfe verstanden werden kann.

40 Pfennig
Ideale gegen Freiheit

40 Pfennig. Wegen 40 Pfennigen wird Rosa Menzer verhaftet und zu einer 15-monatigen Haftstrafe verurteilt. „Was sich absurd anhört, war aber zur Zeit der Nationalsozialisten durchaus üblich", erklärt Maren Jung, Mitarbeiterin des Frauenstadtarchivs Dresden, die sich intensiv mit Rosa Menzer und dem Widerstand gegen die Nationalsozialisten beschäftigt hat.

„Rosa Menzer wird als Hiende Reise Litwin in sehr einfachen Verhältnissen am 4. Januar 1886 im litauischen Plungany geboren", erzählt Maren Jung. Als ältestes von zwölf Kindern einer in Armut lebenden jüdisch-orthodoxen Familie ist es Rosa nicht möglich, die Schule zu besuchen, allerdings erteilt ihre Mutter ihr Unterricht in Hebräisch. Schon mit knapp zwölf Jahren beginnt Rosa eine Schneiderlehre. 1907 immigriert sie ohne Kenntnisse der deutschen Sprache nach Berlin, lässt sich dort als Rosa Litwin nieder und arbeitet als Hausschneiderin. „Sie schließt sich den Berliner Sozialisten an, jedoch wird ihr 1908 als *lästiger Ausländerin* der weitere Aufenthalt in Berlin untersagt, und im selben Jahr zieht sie weiter nach Dresden, wo sie erneut eine Anstellung als Schneiderin findet", schildert Maren Jung das weitere Schicksal der jungen Frau. In Dresden erlernt sie die deutsche Sprache, schließt sich dem sozialistischen Bildungsverein Dresden an, tritt 1912 in die Sozialdemokratische Partei ein und verleiht ihrem politischen Engagement dadurch Nachdruck, dass sie dort auch Funktionärin wird.

Nun kommt auch die Liebe in ihr Leben: in Gestalt von Max Menzer, der zwar, wie Maren Jung sagt, „deutlich älter ist als Rosa, aber genau wie sie aktives Parteimitglied der SPD". 1914 und 1917 werden zwei Töchter geboren, Ilse und Ruth,

Rosa Menzer (Mitte oben) mit ihren Eltern und einem Geschwisterkind (um 1905).

was die junge Frau aber nicht daran hindert, weiterhin politisch aktiv zu sein. 1918 schließt sie sich im Oktober der USPD, der Unabhängigen Sozialdemokratischen Partei Deutschlands, an. „Bereits im Dezember desselben Jahres orientiert sie sich nochmals um und tritt in die neu gegründete KPD, die Kommunistische Partei Deutschlands, ein", ergänzt Jung. Ihr Mann jedoch hält der SPD bis zu seinem Tod 1924 die Treue. Rosa Menzer setzt auch nach dem Ableben ihres Gatten ihre politischen Aktivitäten fort: Sie übernimmt die Leitung der Ortsgruppe Striesen der Internationalen Arbeitshilfe, deren Mitglied sie 1924 geworden ist. „Zusätzlich fungiert sie auch als Führerin des Roten Frauen- und Mädchenbundes von Striesen, ein Ableger des Roten Frontkämpferbundes", ergänzt Jung. Ihre Wohnung in der Markgraf-Heinrich-Straße 19 wird zum Dreh- und Angelpunkt: Dort finden Treffen und Besprechungen statt, und auch manch einem Parteimitglied bietet Rosas Heimstatt Unterschlupf. „Ihr großes und aktives Wirken bringt ihr in der Erinnerungskultur der DDR den Spitznamen *Rosa Luxemburg von Striesen* ein", berichtet Maren Jung. Die Parteispitze ist von diesem Engagement ausgesprochen angetan und trägt Rosa die Kandidatur für den Sächsischen Landtag an, doch sie lehnt ab – und begründet das mit ihren unzureichenden Deutschkenntnissen.

Maren Jung hat sich intensiv mit der Geschichte von Rosa Menzer befasst, die hier ihre Haftzeit verbracht hat.

Die Jahre der Weimarer Republik sind eine unruhige Zeit, in der neben der Inflation und den wirtschaftlichen und politischen Auswirkungen des Versailler Vertrags innenpolitische Auseinandersetzungen und Umbrüche an der Tagesordnung sind. Das parlamentarische Regierungssystem verliert auf allen Seiten an Zustimmung, die Weltwirtschaftskrise tut ein Übriges am Abend des 30. Januar 1933 übernehmen die Nationalsozialisten die Macht. Das bedeutet das Ende der jungen Demokratie und den Beginn der nationalsozialistischen Diktatur. Hitler beginnt sofort mit dem Umbau des politischen Systems, indem er auf Neuwahlen besteht, im Wahlkampf schüchtert er seine Gegner ein. Nach dem Reichstagsbrand (27. Februar 1933) wird sofort die „Reichstagsbrandverordnung" erlassen, durch die das NS-Regime ein Mittel in der Hand hat, Oppositionelle verschleppen und inhaftieren zu können – und es wird häufig eingesetzt gegen Funktionäre der SPD und der KPD. Ein weiteres wichtiges Mittel ist die sogenannte Gleichschaltung, beginnend mit dem „Preußenschlag" am 6. Februar 1933. Dabei kommt es sowohl zu administrativen Maßnahmen als auch zu Verfolgungen. Der neu gewählte Reichstag beschließt am 23. März 1933 gegen die Stimmen der SPD – die Abgeordneten der KPD befinden sich bereits in sogenannter „Schutzhaft" – die Selbstentmachtung, die NS-Regierung kann durch das „Ermächtigungsgesetz" von nun an Gesetze allein beschließen. Eine weitere Eskalationsstufe wird am 22. Juni 1933 mit dem Verbot der SPD erreicht. Vor dem Hintergrund der erdrückenden Übermacht der NSDAP und deren Terror lösen sich die anderen Parteien bis Anfang Juli 1933 selbst auf.

„Ihr großes und aktives Wirken bringt ihr den Spitznamen ‚Rosa Luxemburg von Striesen' ein."

Doch die KPD arbeitet im Untergrund weiter, auch Rosa Menzer ruht nicht. „Und ihre Tochter Ruth, mittlerweile 16 Jahre alt, ist ebenfalls aktiv", fügt Maren Jung hinzu und erzählt weiter: „Sie führt ihre Aktivitäten für den Kommunistischen Jugendbund fort und wird deshalb im November 1933 verhaftet und zu einer achtmonatigen Haftstrafe verurteilt." Bereits zwei Monate später, im Januar 1934, ereilt die Mutter das gleiche Schicksal. „Sie wird zunächst unter dem Verdacht der Vorbereitung eines Hochverrats festgenommen und im Dresdner Polizeipräsidium unter dem Deckmantel der Schutzhaft mehrere Wochen festgehalten, bevor man sie dem Untersuchungsrichter vorführt", beschreibt die Mitarbeiterin des Frauenarchivs die Umstände der Inhaftierung. Am 5. März 1934 wird Rosa Menzer verhört. Bevor sie zu dem eigentlichen Vorwurf Stellung nehmen kann, muss sie erst einmal ihre persönlichen Verhältnisse offenlegen. Sie gibt an, dass sie zwei Kinder im Alter von 16 und 19 Jahren habe, in der Markgraf-Heinrich-Straße 19 in Dresden wohne, den Beruf der Schneiderin erlernt habe, aber seit 1933 erwerbslos sei. Sie verfüge über keinerlei Vermögen, erhalte aber wöchentlich 6,60 Reichsmark Unterstützung. Im Anschluss soll sie sich zum Vorwurf des Hochverrats äußern. Ihr wird zur Last gelegt, „von September bis Dezember 1933 […] viermal aus eigenen Mitteln 40 bis 50 PF. für die KPD" an einen Funktionär der Partei bezahlt und auch Beiträge anderer Mitglieder kassiert zu haben. „Beiträge, die es der KPD erlaubten, sich im Untergrund zu organisieren", erklärt Jung und erläutert: „Gemessen an den 6,60 Reichsmark, die Rosa wöchentlich als Unterstützung bekommen hat, waren 40 Pfennig nicht unerheblich. Außerdem war sie durch das Kassieren der Beiträge einer Reihe potenziell geständiger Genossen bekannt, die sie jederzeit aufgrund des Drucks hätten verraten können." Zwar versucht Rosa zu argumentieren, dass diese Zahlungen nicht dem verbotswidrigen Fortbestehen der KPD dienen sollen, sondern schlicht der Unterstützung der in Schutzhaft sitzenden ehemaligen KPD-Mitglieder. Das Gericht folgt ihr jedoch nicht und verurteilt sie. Dem Gerichtsprotokoll ist zu entnehmen, dass „ihr Verhalten der Aufrechterhaltung des organisatorischen Zusammenhalts der KPD" zuträglich ist, obwohl ihr das Verbot der KPD bewusst ist. Weiter heißt es, dass „ihr verwerfliches Tun […] mit einer Gefängnisstrafe von 1 Jahr und 3 Monaten eine angemessene und ausreichende Sühne" findet.

„Nach dem Urteil wird Rosa am 19. Juli 1934 in das Frauenzuchthaus der Landesfrauenanstalt Waldheim verlegt. Dort ist auch schon ihre Tochter Ruth inhaftiert", schildert Jung das Schicksal der Familie. Rosas Tochter beschreibt die Begegnung in einem Briefwechsel: „Monate später sahen wir uns in Waldheim wieder. […] Wir erkannten uns im ersten Augenblick nicht wieder. […] Du sahst aus wie der wan-

> *„Sie wird zunächst unter dem Verdacht der Vorbereitung eines Hochverrats festgenommen und im Dresdner Polizeipräsidium unter dem Deckmantel der Schutzhaft mehrere Wochen festgehalten, bevor man sie dem Untersuchungsrichter vorführt."*

delnde Tod, blass und mager. Du warst in der Zwischenzeit sehr krank gewesen und hast verboten, daß man mir dies mitteilt […]."

Maren Jung sagt: „Am 2. Juni 1935 wird Rosa aus Waldheim in die Schutzhaft entlassen und von dort aus schließlich in die Freiheit." Ruth, die vor Rosa wieder ihr normales Leben aufnimmt, beschreibt die sogenannte Freiheit ihrer Mutter in einem Brief: „Und dann als Du mir nach Monaten in die Freiheit folgtest, war das für Dich eine Freiheit?! Die Nürnberger Gesetze wurden geschaffen. Du durftest nicht mehr ins Theater, ins Konzert, was doch die schönste Erholung für Dich war, durftest nicht in den Zwinger, nicht in die Grünanlagen, nicht da nicht dorthin, nicht aus Dresden hinaus in die Natur, nach 8 abends Kontrolle, daß Du zu Hause bist, dauernd war die Polizei da und dauernd kamen neue Beschneidungen, die Dir das Leben erschwerten. Die illegale Arbeit war dadurch fast unmöglich geworden und nur abwarten und dulden, das war Dir unerträglich geworden."

„Am 02. Juni 1935 wird Rosa aus Waldheim in die Schutzhaft entlassen und von dort aus schließlich in die Freiheit."

1939, kurz nach Ausbruch des Zweiten Weltkriegs, gerät Rosa erneut unter Verdacht: Der Druckereibesitzer Carl Pilling hat sie denunziert. Er hat der Geheimen Staatspolizei am 16. September mitgeteilt, dass sein Angestellter Rudolf Neustadt – ein Nachbar Rosas – ihm gegenüber berichtet habe, dass, so ist dem Aussageprotokoll zu entnehmen, „in dem Hause Markgraf-Heinrich-Straße 19 eine Jüdin wohne, die die polnische Sprache beherrsche. Sie habe zu Neustadt erzählt, dass sie die polnischen Sender höre. Es sei dort gar nicht so schlimm, wie es hier erzählt würde. Es würde nur so schlimm gemacht, um einen Grund gegen Polen zu haben."

Maren Jung berichtet: „Daraufhin wird auch der 24-jährige Rudolf Neustadt, der von der Denunziation erst mal gar nichts wusste, ins Präsidium bestellt. Im Großen und Ganzen bestätigte er aber die Angaben." Knapp eine Woche später findet eine Hausdurchsuchung statt, und Rosa wird von der Gestapo verhaftet und verhört. „Diesmal wird sie als eine die mosaische Religion ausübende Jüdin klassifiziert", ergänzt Jung. Rosa beteuert zwar, Neustadt müsse sie falsch verstanden haben, doch für sie wiederholt sich die Geschichte von 1934. Wieder kommt es zu einem Gerichtsverfahren, bei dem sie aber dieses Mal aus Mangel an Beweisen freigesprochen wird.

Aber auch jetzt ist es keine wirkliche Freiheit, wie einem Brief Ruths zu entnehmen ist: „Daß Prozessverfahren schlug man wegen Mangel an Beweisen nieder. Du solltest wieder entlassen werden. Ja – entlassen nach dem Konzentrationslager Ravensbrück." Rosa gelingt es kurz vor ihrer Deportation im Februar 1942, eine verschlüsselte Botschaft an ihre Töchter zu senden: „Sollte Hildes Tante [i. e. Rosa Menzer] ihren jetzigen Wohnort ändern müssen, wünsche ich mir bloß, daß die Kinder tapfer bleiben und nicht den Kopf hängen lassen. Ich bin fest überzeugt, daß sie auch das gut überwinden wird. Ich kenn sie als tapfere Frau mit guter Haltung. Und starker Wille macht viel aus."

1942 erhalten die Mädchen die Nachricht, dass ihre Mutter im KZ Ravensbrück an Gebärmutterkrebs verstorben sei, doch spätere Nachforschungen ergeben, dass das eine Lüge war: Rosa Menzer wurde gemeinsam mit weiteren jüdischen Frauen in die Tötungsanstalt Bernburg deportiert und dort vermutlich am 28. Mai 1942 vergast.

Melanie Kunze

Erinnerungsort:

Durch den Torbogen neben dem Haupteingang zur Gedenkstätte Münchner Platz geht es in den Bereich, wo Rosa Menzer ihre Haft absitzen musste.

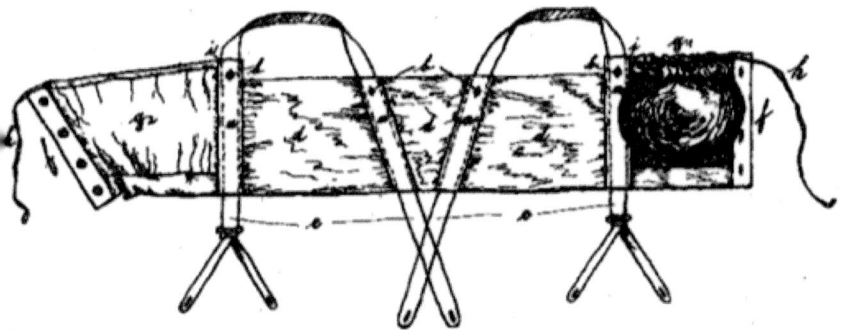

Zu der Patentschrift
№ 110888.

Der Büstenhalter, den Christine Hardt 1899 zum Patent anmeldete.

BH AM HOSENTRÄGER
Not macht erfinderisch

Am Morgen ist schon wieder eine junge Frau in Ohnmacht gefallen – mitten in der Heilgymnastikstunde, die sie, Christine Hardt, der zarten Blonden, die immer unter Atemnot und Schwäche leidet, erteilt hat. Sie weiß, wo die Unpässlichkeiten herkommen: Jahrelang hat sich die Frau geschnürt, viel zu eng, Christine Hardt vermutet, dass das Mieder die Organe nachhaltig geschädigt hat. Wie sagt doch der Arzt und Sanatoriumsinhaber Heinrich Lahmann (1860-1905), bei dem sie in Lohn und Brot steht, immer? Der Körper soll frei sein und Kleidung nur auf den Schultern aufliegen. Für Frauen ist das allerdings nicht wirklich angenehm, denkt sie sich, vor allem dann nicht, wenn man sich schnell bewegt. Denn bei allem Drang zur Freiheit: Eine Stütze brauchen die Brüste schon, eingeschnürt werden sollen sie allerdings nicht.

In der Nacht kann sie nicht schlafen. Sie wälzt sich hin und her, steht schließlich auf, um sich ein Glas Wasser zu holen – da fällt ihr Blick auf die Kleidung ihres Mannes, ordentlich über einen Stuhl gebreitet. Ein Hosenträger! Nachdenklich nimmt sie das Stück in die Hand, spielt damit herum. Plötzlich hat sie eine Idee, und dann kann es nicht schnell genug gehen. Fieberhaft kramt sie zwei Taschentücher hervor, verknotet sie, befestigt sie an den Hosenträgern – und ist begeistert.

So oder so ähnlich könnte sich die Geschichte um die Erfindung des ersten Büstenhalters in Dresden abgespielt haben. „Tatsächlich weiß man sehr wenig über Christine Hardt, die Erfinderin des Büstenhalters", sagt Christina Avdi, die sich gut mit Dresdens Frauen auskennt. „Bekannt ist weder, wo sie lebte, noch, wann sie geboren wurde oder starb." Sicher sei allerdings, dass Christine Hardt, wie auch Lahmann, in dessen Sanatorium sie arbeitet, der Lebensreform-Bewegung nahesteht oder angehört, die nach dem Naturzustand des Menschen strebt und sich unter anderem auch mit gesunder Kleidung befasst – auch die FKK-Bewegung geht daraus hervor.

Christina Avdi hat sich einen Büstenhalter nach dem Modell der Christine Hardt angefertigt.

„Die Hosenträger hat sie höhenverstellbar angefertigt, und der BH wurde über einem Unterhemd und unter der Bluse getragen", hat die Gästeführerin recherchiert. Für ihre Führungen hat sie ein solches Modell sogar nachgebaut. Ihr Fazit: Die heutigen Büstenhalter sind deutlich bequemer. In ihrer Zeit jedoch hat

Christine Hardt offenbar Erfolg: „Sie schaltete Anzeigen für ihre Büstenhalter in der Zeitung. Und die erfreuten sich schließlich so großer Beliebtheit, dass sie industriell angefertigt wurden. Doch dann verlieren sich Christine Hardts Spuren."
Ihre Patentschrift allerdings ist erhalten: Das Kaiserliche Patentamt beurkundet ihr am 5. September 1899 das Patent auf das „Frauenleibchen als Brustträger", das „aus Rücken- und Seitenteilen d (besteht), auf welche Schlaufen a aufgenäht sind, durch welche Männerhosenträger jeder Art (e) eingeführt und durch Knöpfe b befestigt werden können. Der Vordertheil ist in der Mitte bei f zusammenzuknöpfen." Was man heute gemeinhin BH-Körbchen nennen würde, bezeichnet die Erfinderin als „Behälter" und erklärt: „Der Zweck dieses Leibchens besteht hauptsächlich darin, die Brüste aufrecht zu halten, ohne die Function einer gesunden Brust irgendwie zu beeinträchtigen." Wichtig ist ihr auch zu betonen, dass „durchaus kein festes Anliegen des Leibchens am Rücken und an den Seiten des Körpers entsteht, und es wird somit jeder gesundheitsschädliche Druck auf die Brustorgane vermieden. Die Brüste werden nur in ihren anschließend stellbaren Brustbehältern mit Hülfe der Träger e hochgehalten, nicht aber durch ein fest um Brust und Rücken anliegendes Korsett oder Leibchen. Das Leibchen ist nicht fest mit den Trägern verbunden, sondern diese sind abknöpfbar, so daß das Leibchen bequem gewaschen werden kann."

„Mich hat die Findigkeit dieser Unternehmerin fasziniert. Irgendwie erinnert mich – ich bin Griechin – Christine Hardt immer an Archimedes."

Fast zeitgleich schreitet im fernen Paris eine weitere junge Frau zum Patentamt, um eine „filigranere", will heißen, eine „den Busen haltende Konstruktion" anzumelden. Über Herminie Cadolle (1845-1926) ist allerdings weit mehr bekannt als über ihr sächsisches Pendant, sie kämpfte für die Rechte der Frauen, kam ins Gefängnis und floh nach Buenos Aires. Ihr Name steht noch heute für edle Dessous.
Doch auch wenn man wenig über Christine Hardt weiß: Für Christina Avdi ist sie eine bedeutende Persönlichkeit für die Dresdner Frauenbewegung. „Man hat sie sehr verehrt und als Vorbild gesehen, weil sie

gezeigt hat, dass sich eine Frau eben nicht einzwängen lassen muss. Weder von ihrem Ehemann noch von der Gesellschaft und schon gar nicht von ihrer Kleidung", erläutert die Dresdnerin und ergänzt: „Mich hat die Findigkeit dieser Unternehmerin fasziniert. Irgendwie erinnert mich – ich bin Griechin – Christine Hardt immer an Archimedes." Denn der hat die Menschheit erwiesenermaßen mit seinen genialen Erfindungen erfreut.

Eva-Maria Bast

Büstenhalter:

Wenn der moderne Büstenhalter auch erst im ausgehenden 19. Jahrhundert patentiert wurde: Ihre Brüste haben die Frauen schon im antiken Griechenland gestützt, bekannt ist zum Beispiel, dass sich Sportlerinnen in Sparta den Busen abbanden – Ziel war hier allerdings weniger, die Brüste zu stützen, als vielmehr, einen athletischeren und männlicheren Eindruck zu machen. Aus dem alten Rom ist das sogenannte Strophium, eine Binde aus Stoff, bekannt, mit dem die Römerinnen den Busen stützten. In Österreich fanden sich 2008 bei Umbauarbeiten vier Büstenhalter mit Körbchen aus dem 15. Jahrhundert. Leibchen mit Watteeinlagen, „Brustverbesserer" genannt, die sich abzeichnende Brustwarzen verdecken sollten, kamen im 19. Jahrhundert auf, und in den USA machte schließlich Ida Rosenthal mit ihrer „Maidenform" von sich reden.

Julie Salinger, die ihr Leben lang um das Wohl anderer bemüht war.

Kampf, Leid und Tod
Aufrecht bis zum Ende

Obwohl Julie Salinger ihr ganzes Leben lang für Frauen, Kinder und sozial Benachteiligte kämpfte und im Sächsischen Landtag auch zu deren Sprachrohr wurde, fristete sie vor ihrem qualvollen Tod in menschenunwürdigen Umständen ihre letzten Lebenstage in Gefangenschaft.

Geboren wird Julie Braun am 31. Juli 1863 im ostpreußischen Ortelsburg, dem heutigen Szczytno, Polen. „Über ihre Kindheit im masurischen Seengebiet ist wenig bekannt", erzählt Dorothée Marth, Vorsitzende des SPD-Ortsvereins

Dresden-Prohlis. „Erst mit ihrem Umzug nach Dresden zwischen 1897 und 1898 kann man mehr zu ihrem Lebensweg herausfinden." Inspiriert von ihrem Wirken, hat sich Dorothée Marth intensiv mit der Geschichte dieser herausragenden Persönlichkeit auseinandergesetzt und viel über sie – eine der ersten sächsischen Parlamentarierinnen – recherchiert. Dabei ist sie auf den Historiker Lutz Vogel gestoßen, der über ihre ersten Lebensjahre bis hin zum Erwachsenwerden berichtet und erklärt, dass Julie Salinger – „vielleicht ähnlich wie die Frauenrechtlerin Marie Stritt – aus einem bürgerlichen Milieu stammt[e]" und „sicher eine gewisse Bildung" vorweisen konnte. Er geht davon aus, dass sie „eine höhere Mädchenschule" besucht hat oder Privatunterricht erhielt. Mit 23 Jahren heiratet sie den Kaufmann Julius Salinger. Bereits ein Jahr später kann das Ehepaar den gemeinsamen Sohn Paul in den Armen halten.

„Ihre Art, sich für die Belange der Frauen einzusetzen, hat mich an ihr fasziniert."

„Über die Gründe für den Umzug nach Dresden zehn Jahre später kann nur spekuliert werden", sagt die Ortsvorsitzende. Julie Salinger engagiert sich erst einmal in der jüdischen Gemeinde – vorrangig im sozialen Bereich im Fürsorgeausschuss. Bereits ab 1900 ist sie Mitglied im Rechtsschutzverein für Frauen und Mädchen, den sie von 1913 bis 1931 leitet. Zwischenzeitlich übernimmt sie zudem die Leitung der Rechtsschutzstelle. „Sie kümmert sich auch um Eheberatungen für die Frauen und setzt sich immer für die Gleichstellung von Frau und Mann ein", erläutert die Dresdnerin. In ihrer eigenen Gemeinde sorgt Julie für die Verbesserung der Lebensbedingungen von Frauen.

1902 wird auf ihre Initiative hin der Schwesternbund der Fraternitas-Loge gegründet. Die Fraternitas-Loge gehörte zu der 1843 in den USA entstandenen Großorganisation „Bnai Brith", die sich selbst die Aufgabe stellte, Einheit unter den Israeliten zu stiften, Künste und Wissenschaft zu fördern und Armen- und Krankenfürsorge zu betreiben. 1904 initiiert Julie Salinger die Errichtung eines Kinderhorts, den sie anfänglich selbst leitet. Genutzt wird der Hort von Kindern zwischen drei und 14 Jahren, deren Eltern sich aus Zeitmangel nicht hinreichend um ihren Nachwuchs kümmern können. Sie wirkt an einer Ferienkolonie für ärmere Kinder der jüdischen Gemeinde mit und

1909 am Bau eines Kinder- und Erholungsheims in Oberrochwitz. Dort konnten sich im Sommer bis zu 60 bedürftige Kinder, vorwiegend aus dem Arbeitermilieu, erholen und Ferien machen. „Ihre Art, sich für die Belange der Frauen einzusetzen, hat mich an ihr fasziniert", schildert Marth ihre Motivation, sich mit Julie Salinger zu beschäftigen. „Aber sie setzte sich nicht nur für die jüdische Gemeinde oder die Dresdner Frauen ein." Julie Salinger tut noch viel mehr: Sie fordert als Vertreterin des Stadtbundes Dresdner Frauenvereine und als Vorstand des Landesverbands Sächsischer Frauenvereine immer wieder die soziale Gleichstellung der Frauen und eine Stärkung der Rechte unehelicher Kinder. 1906 ist sie Mitglied des Vorstands des Dresdener Zweigvereins der „Internationalen Abolitionistischen Föderation", einem Bund für Frauen- und Jugendschutz. Zielsetzung des Vereins ist unter anderem die Bekämpfung der Prostitution.

„Der Erste Weltkrieg war ein erheblicher Einschnitt für Julie Salinger", beschreibt Dorothée Marth eine weitere Station im Leben der couragierten Frauenrechtlerin. Auch zu dieser Zeit übernimmt Julie Salinger Verantwortung und arbeitet tatkräftig im Zentralausschuss der Kriegsorganisation Dresdener Vereine mit. Sie krempelt sprichwörtlich die Ärmel hoch, organisiert Volksküchen und kümmert sich um die Witwen und Waisen der Soldaten. Zusätzlich wird sie Vorsitzende eines Sonderausschusses gegen Arbeitslosigkeit.

Die schweren Kriegsjahre bremsen Julie Salingers Motivation nicht, ganz im Gegenteil. Als mit der Revolution von 1918 die konstitutionelle Monarchie abgeschafft und im Jahr darauf durch eine parlamentarische Demokratie ersetzt und den Frauen sowohl das aktive als auch das passive Wahlrecht eingeräumt wird, ergreift sie ihre Chance: Sie gehört im Dezember 1918 zu den Gründungsmitgliedern der Deutschen Demokratischen Partei (DDP) in Dresden. Die Eckpfeiler der Partei, individuelle Freiheit und soziale Verantwortung, werden auch zum politischen Selbstverständnis von Julie Salinger. Ihr parteiinterner Einsatz wird mit einem vorderen Listenplatz für die Wahlen zur Verfassunggebenden Sächsischen Volkskammer belohnt. Zwar kandidieren bei der Wahl am 2. Februar 1919 insgesamt 42 Frauen, jedoch schaffen nur drei von ihnen den Einzug in das Landesparlament. „Und eine von diesen drei ist eben Julie Salinger", benennt die Dresdnerin das Wahlergebnis. Am 25. Februar ist es dann so weit, die mittlerweile 55-Jährige nimmt zum ersten Mal als Abgeordnete an einer Sitzung der Sächsischen Volkskammer teil. Sie betritt bereits am 4. März 1919 das Rednerpult, um ihre erste Rede in der Sächsischen Volkskammer zu halten. Thema: die Auswirkungen der alliierten Blockade Deutschlands. Laut Lutz Vogel bringt sie auch hier die Sichtweise als Frau in die Debatte ein: „Meine Herren und Damen! Ich bedauere, daß die Zahl der Frauen in diesem Hause so gering ist, denn sonst hätten auch wir uns hier, wie die Frauen in der Nationalversammlung über alle Parteiunterschiede hinweg, zu einem einmütigen Protest gegen die Blockade zusammengefunden." Gerade die Frauen hätten ein Recht zu diesem Protest, ein Recht, diesen Protest auf das kräftigste auszudrücken, führt Julie Salinger weiter aus, denn die Frauen hätten „keine Einwirkung gehabt auf die Verhältnisse, welche das Rachegefühl unserer Feinde herausgefordert haben, und trotzdem haben wir die Wirkungen dieses Rachegefühls am allerschärfsten zu empfinden, die Frauen, die Kinder und unsere Kranken." Sie fährt fort: „Sie, meine Herren, werden gewiss annehmen, dass ich eine unpolitische Frau bin und von diesen politischen Dingen nichts verstehe. Diesen Vorwurf will ich gern ertragen, wenn ich Ihnen nur aus meinem mütterlichen und meinem Frauenempfinden heraus zurufen darf: Wir stehen an einem Abgrund und müssen herabstürzen, unser Volk muß verhungern, verelenden, wenn Sie Ihre politischen Streitigkeiten nicht aufschieben bis zu einer Zeit, wo es eher möglich ist, dass diese Auseinandersetzungen geschehen können, und ich bitte sie dringend, Sie alle, die einen Einfluss haben, an den Verhältnissen mitzuarbeiten: Sorgen Sie dafür, dass nicht einst die ganze Frauenwelt auf Sie weisen und sagen wird: Sie haben die Macht gehabt, diese furchtbaren Zustände zu verhindern, und Sie haben ihre Macht nicht benutzt."

Julie Salinger nutzt ihre Redezeit beharrlich dazu, die Gleichstellung und vor allem die Gleichbehandlung der Frauen einzufordern und die Lebensbedingungen der sozial Benachteiligten zu verbessern,

> *„Sie, meine Herren, werden gewiss annehmen, dass ich eine unpolitische Frau bin und von diesen politischen Dingen nichts verstehe."*

indem sie sich für eine Existenz-Grundsicherung einsetzt. Immer wieder bringt sie ihre persönlichen Erfahrungen in den Landtag ein, so auch im Januar 1921: Der Sächsische Landtag debattiert über die Abschaffung des seit dem Jahr 1834 bestehenden Gesetzes „Über die Bestrafung der fleischlichen Vergehen". Hiermit sollte das uneheliche Zusammenleben unterbunden werden. Salinger führt dazu aus: „Aber, meine sehr geehrten Damen und Herren, wer in der sozialen Arbeit steht, wie ich es seit über 20 Jahren tue, der weiß, wie ich es durch die Rechtsschutzarbeit für Frauen kennen gelernt habe, aus Erfahrung, daß durch diese Verordnung niemand anders als die wirtschaftlich Schwachen getroffen werden, daß da, wo die Bevölkerung eng und dichtgedrängt zusammenwohnt, wie in den Vorstädten, in den 4. und 5. Etagen der Großstädte, diese Anzeigen kommen." Weiter führt sie aus, dass sich die Beleidigungs- und Verleumdungsklagen immer in der sexuellen Sphäre bewegen, und ergänzt ein Beispiel aus ihrer eigenen Erfahrung: Sie erzählt von einem 30- bis 40-jährigen Witwer, der eine weibliche Hilfe nehmen muss, die sich um Kinder und Haushalt kümmert. Er selbst könne das schlecht tun, schließlich arbeite er den ganzen Tag. Er habe eine enge und beschränkte Wohnung. „Die Leute werden angezeigt. Die Polizei verfügt, daß die Frau oder der Mann ausziehen muß, sonst wird eine Geld- oder Haftstrafe verhängt", so Julie Salinger. Und weiter: „Die beiden Leute denken nicht daran, auszuziehen, weil sie nicht wissen, wo sie mit den Kindern hin sollen. Nun kommt die Haftstrafe wegen Nichtbefolgung der Verfügung, und erst nach Rücksprache mit der Polizei, wo ich drauf hinwies, daß es sich in diesem Fall um eine 50- oder 55-jährige Frau handelt, bei der kaum anzunehmen war, daß irgendwelche sexuelle Beziehungen vorlagen, gelang es mir, zu erwirken, daß die Verfügung von der Polizei zurückgezogen wurde."

Auch beim Thema Kleinrentnerfürsorge, das im November 1921 debattiert wird, setzt sich Julie Salinger für die Gleichbehandlung der Frauen ein: „Zunächst wird der Einwand gemacht: Ja natürlich müssen die Frauen weniger bekommen als die Männer, die Frauen erhalten ja auch weniger Lohn als die Männer." Sie erläutert weiter, dass dies für sie nicht zähle. Sie vertritt den Standpunkt der Reichsverfassung, die bestimmt, „daß gleicher Lohn für gleiche Leistung bezahlt wird, und wenn die Frauen dasselbe leisten sollen und können wie die Männer, sollen sie auch den gleichen Lohn haben".

Weiter heißt es: „Die Frau braucht weniger Nahrung als der Mann; die Frau ist kleiner und braucht darum nicht so viel. Das ist möglich, das kann ich nicht beurteilen; aber wenn Sie diesen Unterschied machen wollen, dann machen Sie ihn gefälligst auch beim Mann an sich." Schließlich gebe es auch bei Männern erhebliche Unterschiede in Größe und Gewicht. „Da aber hier kein Unterschied gemacht wird, kann ich die Unterschiede in der Zuweisung der Kleinrentnerunterstützung zwischen Mann und Frau auch nicht erkennen."

„Die Frau braucht weniger Nahrung als der Mann; die Frau ist kleiner und braucht darum nicht so viel."

Julie Salinger verlässt 1922 mit 59 Jahren das Parlament. „Leider kann man nicht sagen, warum sie sich nicht erneut aufstellen ließ. Ob der Tod ihres Ehemanns im Jahr davor in ihr diesen Entschluss wachsen ließ, ist reine Spekulation", erklärt die Sozialpolitikerin. „Fakt ist aber: Obwohl Julie Salinger immer die weibliche Sichtweise in die Politik und das Parlament einbrachte, hielt sie sich nicht mit den typischen Frauenthemen auf." Auch Lutz Vogel bescheinigt den ersten weiblichen Abgeordneten, dass sie „spezifische Fraueninteressen in die vielfältigen Debatten" einbetteten und „die weiblichen Interessen im Kontext größerer Gesetzesvorhaben erst sichtbar" machten. Er resümiert: „Dieser Verdienst gebührt auch der demokratischen Abgeordneten Julie Salinger während ihres dreieinhalbjährigen Wirkens als einer der ersten Parlamentarierinnen Sachsens." Insgesamt hat sie 26 Reden gehalten. „Bemerkenswert finde ich dabei", erklärt die Ortsvorsitzende der SPD, „dass sie nicht von einem Manuskript ablesen konnte, sondern die Reden frei hielt, wie es das Regelwerk der Volkskammer vorsah."

Doch zur Ruhe setzt sich Julie Salinger nicht, sie arbeitet weiterhin emsig in der bürgerlichen Frauenbewegung von Dresden und in der jüdischen Gemeinde mit. Ihr Amt als Vorsitzende des Rechtsschutzvereins übt sie sogar noch weitere neun Jahre bis 1931 aus, in den Jahren 1930/1931 übernimmt sie zusätzlich den Vorsitz des Schwesternbundes der Fraternitas-Loge.

Allein: Das Schicksal meint es in der Folgezeit nicht gut mit ihr. Die Machtübernahme der Nationalsozialisten 1933 stellt das Leben der sozial engagierten Frau völlig auf den Kopf. Mit 69 Jahren kann sie auf einmal nicht mehr wie gewohnt ihren gesellschaftlichen Verpflichtungen nachkommen. Vereine und Parteien werden verboten oder lösen sich unter dem hohen Druck der neuen Machthaber auf. Als Jüdin erlebt sie, wie die Mitglieder ihrer Gemeinde systematisch ausgegrenzt, diskriminiert, verfolgt und zu guter Letzt interniert werden.

Ihr Sohn hält diesem Druck nicht stand und nimmt sich bereits im März 1933 das Leben. Da steht sie nun, ihrer Tätigkeit beraubt, den Sohn hat sie verloren – und trotzdem bleibt sie in Dresden. Ob aus Verbundenheit mit der Stadt, in der sie drei Jahrzehnte wirken konnte, oder dem Wunsch folgend, ihren Lieben nahe zu sein, die auf dem jüdischen Friedhof in Dresden bestattet wurden,

„Bemerkenswert finde ich dabei, dass sie nicht von einem Manuskript ablesen konnte, sondern die Reden frei hielt, wie es das Regelwerk der Volkskammer vorsah."

bleibt offen. Sie harrt weiter in Dresden aus, obwohl die Nürnberger Rassengesetze von 1935 und die Reichspogromnacht 1938 den Antisemitismus immer weiter verstärken.

1940 kann sich auch Julie Salinger diesem Abwärtssog nicht mehr entziehen, im Rahmen der „Arisierung" ihrer Straße wird sie aus ihrer Wohnung vertrieben. Sie muss in das Judenhaus in der Bautzener Straße 20 umziehen. Nicht nur Julie wird dies auferlegt, auch ihre fünf Jahre jüngere Schwester Minna Bertha muss zukünftig dort wohnen. Und es soll noch schlimmer kommen. Viel schlimmer. „Gemeinsam mit ihrer Schwester wird sie am 25. August 1942 von Dresden nach Theresienstadt deportiert", schildert Dorothée Marth das weitere Schicksal des Geschwisterpaars. Aufgrund ihres Alters, mittlerweile ist sie 79 Jahre alt, muss sie einen sogenannten Heimeinkaufsvertrag abschließen. Mit diesem wird geregelt, dass ihr gegen Bezahlung von 3.000 Reichsmark lebenslang kostenfreie Unterbringung sowie Verpflegung und Krankenversorgung in einem Altersghetto in Theresienstadt zustehen. Die Realität vor Ort sieht aber anders aus: überfüllte und kaum geheizte Wohnstätten, unzureichende ärztliche Versorgung und mangelhafte Ernährung. Nicht einmal einen Monat später, am 16. September 1942, stirbt Julie Salinger „mutmaßlich geschwächt durch die katastrophalen hygienischen Bedingungen in dem vollkommen überfüllten Ghetto in Theresienstadt", so Lutz Vogel.

> *„Ihre Lebensgeschichte ist für mich und meine Genossinnen in der SPD so bewegend gewesen, dass es mir und uns ein Bedürfnis war, ihr Schicksal auch in Dresden in Form eines Stolpersteins zu würdigen."*

„Ihre Lebensgeschichte ist für mich und meine Genossinnen in der SPD so bewegend gewesen, dass es mir und uns ein Bedürfnis war, ihr Schicksal auch in Dresden in Form eines Stolpersteins zu würdigen", fasst Dorothée Marth zusammen und ergänzt: „Mit ihrem Tod hat Dresden eine ganz besondere Frau verloren."

Melanie Kunze

Erinnerungsort:

Seit 2012 erinnert ein Stolperstein vor ihrem ehemaligen Wohnhaus in der Bayreuther Straße 14 an Julie Salinger. Desweiteren erinnert noch eine Straße in der Dresdner Neustadt an eine der ersten Frauen im Länderparlament Sachsens.

Die berühmte Rosa Luxemburg hat auch einige Zeit in Dresden verbracht.

Kampf für die Arbeiterklasse
Soziale Gerechtigkeit für alle

Der Gewehrkolben saust auf die von stundenlangen Verhören und Misshandlungen geschwächte Frau herab, einmal, zweimal. Sie sinkt zu Boden, die Peiniger werfen die Bewusstlose in ein bereitstehendes Auto. Ein Mann, sein Name ist Hermann Souchon (1895-1982), springt, als das Fahrzeug schon anrollt, auf das Trittbrett und befördert die Ohnmächtige mit einem gezielten Schläfenschuss ins Jenseits. Der Wagen fährt zum Landwehrkanal in Berlin, die Mörder schmeißen die Leiche in den Fluss. Es ist der 15. Januar 1919 – der Tag, an dem Rosa Luxemburg und Karl Liebknecht (1871-1919) von Mitgliedern des Stabs der Garde-Kavallerie-Schützen-Division unter Befehl von Hauptmann Waldemar Pabst (1880-1970) ermordet werden.

Erst am 31. Mai 1919 findet der 76-jährige Schleusenarbeiter Gottfried Knepel die Leiche Rosa Luxemburgs – sechs Tage, nachdem neben dem Grab Karl Liebknechts zu ihrem Andenken ein leerer Sarg bestattet worden war. Beim Fund der Leiche wird sofort eine Nachrichtensperre verhängt, hat doch die Ermordung der beiden Spartakusführer für derartige Unruhen gesorgt, dass man fast von bürgerkriegsartigen Zuständen sprechen kann. Rund Hunderttausend Menschen nehmen an der Beerdigung der Frau teil, die auch einige Zeit in Dresden verbracht hat – als Chefredakteurin der *Sächsischen Arbeiter-Zeitung* in Dresden.

Rosa Luxemburg findet, Dresden sei ein herrliches Städtchen.

Ihr Weg dorthin war lang, er beginnt 1888 mit der Flucht aus Warschau kurz nach dem Abitur: Rosa, das geliebte, behütete und von den vier älteren Geschwistern verwöhnte Kind jüdischer Eltern, die großen Wert auf die Bildung aller ihrer Kinder legen, ist in der verbotenen marxistischen Untergrundbewegung „Proletariat", die 1882 gegründet wurde und Vorläufer der modernen sozialistischen Bewegung war, tätig und wird von der Polizei verfolgt. Sie flieht in die Schweiz, wo sie studiert, unter anderem Staats- und Rechtswissenschaften, und den Polen Leo Jogiches (1867-1919), ebenfalls ein Anhänger des Marxismus, kennen- und lieben lernt: Seine strahlend blauen Augen unter den rotblonden Locken beeindrucken die junge Frau ebenso wie seine Selbstsicherheit und der „sinnliche Reiz seines männlichen Charmes", wie Annelies Laschitza in ihrem Buch *Rosa Luxemburg. Im Lebensrausch, trotz alle-*

dem: eine Biographie schreibt. Das Paar gründet eine Zeitung, in der Rosa erstmals dazu aufruft, die Monarchie zu stürzen und gegen den Kapitalismus zu kämpfen. 1893 folgt die Gründung der „Partei Sozialdemokratie des Königreiches Polen" (SDKP). Rosa ist der Meinung, dass sie von Deutschland aus mehr für die Sozialdemokratie, gerade auch in Polen, tun kann, außerdem will sie sich mit der SPD vernetzen. Gegen den Willen Leo Jogiches geht sie nach Deutschland und heiratet 1898 einen Bekannten, den Schlosser Gustav Lübeck, um die deutsche Staatsbürgerschaft zu erlangen.

Rosa engagiert sich in der SPD und macht sich bald einen Namen, vor allem, als sie sich in die Bernstein-Debatte, auch als Revisionismusstreit bekannt, einschaltet: Ein Teil der SPD unter der Führung von Eduard Bernstein (1850-1932) wich von der bisherigen marxistisch geprägten Richtung ab und betonte, die Ausrichtung auf Klassenkampf und Abschaffung des Kapitalismus werde die Lage der Lohnabhängigen nicht verbessern. Die SPD könne nur durch den Kampf um Reformen im Rahmen einer demokratischen parlamentarischen Republik Verbesserungen für die Arbeiter erreichen. Rosa veröffentlicht in der *Leipziger Volkszeitung* eine Artikelserie dazu, in der sie ihre marxistische Position darlegt. Annelies Laschitza schreibt: „Während der Bernsteindebatte vernachlässigte Rosa Luxemburg alles andere. Sie sann ständig darüber nach, wie sie möglichst argumentationsstark und auffällig in Erscheinung treten konnte. Zu Recht ging es ihr um einen streitbaren Kampf, um die programmatische Klarheit und die taktische Konsequenz in der Partei; sie wies sich jedoch eine Rolle zu, die sie fast überforderte, so daß sie – überanstrengt und gereizt – kaum bemerkte, wie tief sie ihre Nächsten verletzte. Ihr Selbstbehauptungsdrang trug egoistische Züge. Außerdem mutete sie ihrer Familie Unerträgliches zu, wenn sie ihr nach wie vor keinen reinen Wein über die Scheinehe mit Gustav Lübeck und ihre Lebensgemeinschaft mit Leo Jogiches einschenkte." Rosa hingegen ist geschmeichelt über die Aufmerksamkeit, die ihr die

> *„Zu Recht ging es ihr um einen streitbaren Kampf, um die programmatische Klarheit und die taktische Konsequenz in der Partei; sie wies sich jedoch eine Rolle zu, die sie fast überforderte."*

Artikelserie einbringt und schreibt an Leo Jogiches: „Die Zetkin schrieb an Schoenlank einen Brief mit ‚Lobliedern auf die tapfere Rosa, die den Mehlsack Bernstein so heftig klopft, daß der dicke Puderstaub in alle Lüfte fliegt […]'." Clara Zetkin (1857-1933) sollte später eine enge Freundin und ihr Sohn Kolja (1885-1980) Rosas Geliebter werden.

Und dann erhält Rosa ein Telegramm: Man lädt sie ein, sofort nach Dresden zur *Sächsischen Arbeiter-Zeitung* zu kommen. Chefredakteur Alexander Parvus (1867-1924) eröffnet ihr, dass er und sein Freund, der Redakteur Julian Marchlewski (1866-1925), als Ausländer wegen ihrer politischen Aktivitäten aus Sachsen ausgewiesen werden. Parvus bittet Rosa inständig, seine Nachfolge anzutreten. Sie nimmt das Angebot an und stürzt sich mit aller Kraft in ihre Aufgabe, ihre neue Wirkungsstätte gefällt ihr. In einem Brief an Jogiches, der ihr eigentlich abgeraten hatte, die Stelle anzunehmen, schwärmt sie, Dresden sei ein herrliches Städtchen, und ist sich sicher: „[D]ort wird es gewiß besser als in Berlin sein […]."

„Die Zetkin schrieb an Schoenlank einen Brief mit ‚Lobliedern auf die tapfere Rosa, die den Mehlsack Bernstein so heftig klopft, daß der dicke Puderstaub in alle Lüfte fliegt [...]'."

Sie irrt sich und wird auch nicht lange in Dresden bleiben. Denn Rosa hat Feinde. Einer dieser Gegner ist der Reichstagsabgeordnete und politische Redakteur des *Vorwärts*, Georg Gradnauer (1866-1946). „Gradnauer, der den Stuttgarter Parteitag völlig anders als sie in der *Sächsischen Arbeiter-Zeitung* beurteilte, schickte eine Replik auf ihre Zurückweisung seiner Angriffe gegen die revolutionären Sozialdemokraten, die sie prompt veröffentlichte", schreibt Laschitza. „Er schickte eine zweite, die sie nicht veröffentlichte. Der Skandal war da. Gradnauer veröffentlichte seine Entgegnung im *Vorwärts* und beschwerte sich bei der Dresdner Parteiorganisation, die über ihre Pressekommission eingriff."

Nun stellen sich auch drei ihrer Redakteure, Emil Eichhorn, Emil Nitzsche und Heinrich Wetzker, gegen sie. Am 30. Oktober 1898 protestieren sie im *Vorwärts* gegen Rosas Weigerung, den weiteren Artikel

von Gradnauer zu bringen. Eichhorn schreibt an Wilhelm Liebknecht: „[D]ie gute Frau brachte die Fähigkeiten Helphands nicht mit. Von einer geordneten Redaktionstätigkeit, von vernünftiger Arbeitsteilung keine Ahnung, pfuschte sie überall herum und ging einer Verständigung behufs Befriedigung dieses Zustandes beharrlich aus dem Wege."
Den Dresdner Redakteur stört nicht „nur" Rosas Weigerung, den Artikel von Gradnauer zu bringen: Rosa meint, dass sich das Blatt auf keinem guten Niveau befindet, und will eine Qualitätsverbesserung erreichen. Dafür greift sie in die Struktur der Zeitung ein, ändert auch Rubriken oder fügt neue ein. Die altgedienten Kollegen, die sich vom Weggang Parvus' vielleicht auch etwas mehr Macht versprochen haben, fühlen sich in ihrer Arbeit missachtet und vor den Kopf gestoßen.

„In ihrer sehr empfindlichen und gleichwohl bestimmten Art legte sie ihr Amt als Chefredakteur nieder, denn sie wollte keine Einschränkungen ihrer Handlungsfreiheit in Kauf nehmen."

Rosa tritt zurück: „In ihrer sehr empfindlichen und gleichwohl bestimmten Art legte sie ihr Amt als Chefredakteur nieder, denn sie wollte keine Einschränkungen ihrer Handlungsfreiheit in Kauf nehmen", schreibt Laschitza.

Damit ist Rosas Dresdner Zeit vorbei, sie kehrt nach Berlin zurück. Doch nach Dresden kommt sie noch einige Male: 1903 spricht sie auf dem Dresdner Parteitag der SPD, 1910 hält sie vor Textilarbeiterinnen in Pieschen und am 11. Dezember 1911 im „Deutschen Kaiser" eine Rede.

Rosa eckt weiterhin an. Und die, bei denen sie aneckt, haben Macht. Immer wieder landet sie im Gefängnis, das erste Mal 1904 wegen „Majestätsbeleidigung": Sie hatte in einer Wahlkampfrede erklärt, Kaiser Wilhelm II. (1859-1941) habe keine Ahnung von Tatsachen, nachdem dieser im Reichstagswahlkampf verkündet hatte, er begreife die Probleme der Arbeiter besser als jeder Sozialdemokrat. Dann muss sie wegen „Anreizung zum Klassenhass" und schließlich wegen des Aufrufs, den Kriegsdienst zu verweigern, hinter Gitter. Bei Ausbruch des Ersten Weltkriegs sitzt sie wieder im Gefängnis, schmuggelt Briefe und Aufsätze nach draußen. Während der Novemberrevolution 1918 entlässt man sie in die Freiheit. Gemeinsam mit Karl Liebknecht gründet sie den KPD-Vorläufer Spartakusbund, und wieder macht sie sich Feinde: Seit dem „Spartakusaufstand" vom Januar 1919 ist Rosa offiziell Regierungsfeindin. Sie versteckt sich – vergebens: Am 15. Januar 1919 wird sie von ihren Verfolgern entdeckt und ermordet.

Hunderttausende trauern. Iring Fetscher schreibt dazu in der *Neuen Deutschen Biographie*: „Ihr gewaltsamer Tod machte selbst Menschen betroffen, die ihr politisch fernstanden."

„L. war eine ungemein anziehende, warmherzige Persönlichkeit, die scharfen Intellekt, umfassende Bildung und politisches Engagement in seltener Weise miteinander verband."

Denn: „L. war eine ungemein anziehende, warmherzige Persönlichkeit, die scharfen Intellekt, umfassende Bildung und politisches Engagement in seltener Weise miteinander verband." Und weiter: „Unermüdlich dachte sie darüber nach, wie sie helfen, anregen, belehren, zur Lebensfreude und zum Engagement für die Befreiung der Arbeiterklasse anleiten könne. Ihr Mitgefühl mit der Tierwelt war nicht – wie bei manchen anderen – Flucht vor den Menschen, sondern eine Ausweitung ihres fühlenden Herzens bis an die Grenzen des Nachvollziehbaren."

Eva-Maria Bast

Rosa Luxemburg in Dresden:

Rosa Luxemburg war von September bis November 1898 Redakteurin der *Sächsischen Arbeiter-Zeitung* in Dresden. Nach Beendigung ihrer Tätigkeit zog sie wieder nach Berlin, kam aber fünf Jahre später für eine Rede auf dem Dresdner Parteitag der SPD zurück. Außerdem sprach sie 1910 zu Textilarbeiterinnen in Pieschen und hielt am 11. Dezember 1911 im „Deutschen Kaiser", Leipziger Straße 112, eine Rede.

Luise von Toscana floh aus ihrem goldenen Dresdner Käfig.

Prinzessin auf der Flucht
Ausbruch aus dem goldenen Käfig

Panik und Sehnsucht drängen sich immer mehr an die Oberfläche an diesem Unheil bringenden Weihnachtsabend: Ein Drama in der Öffentlichkeit, festgehalten in über 1.500 Zeitungsartikeln, Unmengen an Postkarten und Büchern: Die Flucht der Luise von Toscana wird zum ersten Hofskandal, den alle Boulevardblätter aufgreifen. Sie berichten über die Kronprinzessin, welche ausbrechen wollte aus dem starren, strengen spanischen Hofzeremoniell und ihrer unglücklichen Ehe.

Als Luise am 2. September 1870 in Salzburg das Licht der Welt erblickt, ahnt noch niemand, welch handfesten Skandal sie einst verursachen wird. Bei ihrer Geburt führt ihr Vater

Ferdinand IV. (1835-1908) noch den Titel des Großherzogs der Toskana, hat aber keinerlei Regierungsverantwortung mehr. Ihre angestammte Residenz in Florenz hatte die Familie bereits 1759 fluchtartig verlassen müssen, und mit der Einigung Italiens wurde die Toskana 1860 dem Königreich Sardinien angeschlossen. Bei Mike Huth ist in seinem Aufsatz *Luise von Toscana 1870-1974* aus dem Buch *Skandal bei Hofe* nachzulesen: „Die im gleichen Jahr erfolgte Erhebung Ferdinands IV. zum Großherzog konnte den Verlust der Toskana nicht mehr verhindern. Bis zu seinem Tod 1908 lebte er als ‚Privatier' mit seiner großen Familie abwechselnd in Salzburg und Lindau am Bodensee." Ungeachtet der unruhigen Zeiten wächst Luise behütet auf. Ihr Vater Ferdinand sorgt dafür, dass „zu ihrem Unterricht die besten Lehrkräfte herangezogen" werden. Den *Innsbrucker Nachrichten* vom 27. Dezember 1902 ist zu entnehmen, dass sie „stets große Vorliebe für die schönen Künste" hegte. „Sie hat den Kreis des toskanischen Hofes oft durch den vollendeten Vortrag von Liedern, durch ihre Leistungen auf dem Piano und der Violine erfreut und sie besitzt auf dem Gebiete der Blumenmalerei eine Fertigkeit, welche über den Dilettantismus hinausragt." Neben der künstlerischen Veranlagung beherrscht sie fünf Sprachen fließend und gilt als ausgezeichnete Sportlerin. Noch eine weitere Seite zeichnet die junge Adelige schon mit 16 Jahren aus: „Sie wurde von der Salzburger Bevölkerung aufrichtig geliebt; die dortigen Armen hatten in ihr eine unermüdliche Wohltäterin und die humanitären Anstalten der Stadt wurden von ihr häufig besucht und stets mit Spenden bedacht", bescheinigt ihr das Nachrichtenblatt. Während sie heranwächst, weilt sie immer mal wieder in Sachsen, und

Georg Decker malte 1875 Erzherzogin Luise.

dort lernt sie auch ihren ersten Ehemann kennen. „Es war im Jahre 1887", schreibt die Zeitung und fährt fort, dass dort die schicksalhafte Begegnung bei „einem Jagdausfluge, welche[n] die sächsische und die toscanische Familie gemeinsam von Pillnitz aus unternahmen, im Jagdschloß Moritzburg zum erstenmale mit dem Prinzen Friedrich August" von Sachsen stattfindet. Die Familie hält Ausschau nach einem geeigneten Bräutigam. Und so verwundert es nicht, dass es noch mehr Bewerber um die Hand der schönen jungen Brünetten gibt: Prinz Peter von Sachsen-Coburg (1866-1934) und Fürst Ferdinand von Bulgarien (1861-1948) können ihr Herz jedoch nicht erwärmen.

Es dauert noch bis zum Sommer 1891, bis sich Friedrich August (1865-1932) ein Herz fasst und die begehrte Luise um ihre Hand bittet. Bevor sie einwilligt, ihn zu heiraten, lässt sie ihn eine ganze Weile zappeln und erlöst ihn erst nach einer gefühlten Ewigkeit mit ihrem Ja. Endgültig durchatmen kann Friedrich August aber erst, als auch Kaiser Franz Joseph I. (1830-1916) und Friedrich Augusts strenger Vater, der spätere König Georg von Sachsen (1832-1904), der Verbindung und somit der Vermählung zustimmen. Schließlich erfüllen beide Heiratswilligen die wichtigsten Erfordernisse: Sie sind katholisch und von gleichem Rang. Und so kann endlich offiziell Verlobung gefeiert werden. Danach geht es schnell, schon am 21. November läuten die Hochzeitsglocken in Wien. Mit einem Wermutstropfen ist dies allerdings verknüpft: Mit der Heirat muss Luise auf ihren Anspruch auf die Habsburgerherrschaft verzichten.

Nach der Hochzeit reisen die frisch getrauten Eheleute nach Dresden. Hier werden die beiden mit einem großen Empfang willkommen geheißen. Der sächsische Königshof zeigt sich spendabel und lädt am 25. November zu einem rauschenden Fest und einer sagenhaften Ballnacht mit 1.036 Gästen ein.

Auch wenn die frühen Ehejahre auf den ersten Blick glücklich und harmonisch zu sein scheinen, ist dieser Schein doch trügerisch. Zwar schenkt Luise ihrem Friedrich August drei Söhne und zwei Töchter, ein weiteres kleines Mädchen überlebt jedoch noch nicht einmal den Tag seiner Geburt. Doch neben den Geburten wird auch zunehmend über Spannungen am Hof berichtet. So auch in den *Innsbrucker Nachrichten*: „In Sachsen hat sich die Kronprinzessin […] in seltenem Maße die Sympathien [...], insbesondere der Dresdner Bevölkerung erworben und zwar in demselben Grade, in welchem sie ‚oben' anzustoßen pflegte, was in den ersten Jahren nur allzu oft vorkam." Das Blatt erläutert Folgendes: „Die in der Enge eines bescheidenen fürstlichen Haushalts fernab von jedem größeren Hof in Salzburg aufgewachsene Prinzessin konnte sich nur schwer an die strengeren Formen des Dresdner Hoflebens gewöhnen und man fand ihr Benehmen nicht immer ganz entsprechend der Würde einer künftigen Königin." Weiter heißt es im Artikel: „[S]o zum Beispiel, wenn sie an großer Hoftafel, umgeben vom großen Hofstaat, das Glas erhob und ihrem königlichen Onkel ein ‚Prosit' zurief, oder wenn sie aus der Hofloge im Theater nach allen Seiten hin den hier bekannten Persönlichkeiten zunickte oder auch über die Logenbrüstung hinweg die Hand entgegenstreckte." Diese aus heutiger Sicht kleinen Verfehlungen werden vom Hof allerdings mit Hausarrest quittiert. Die lebenslustige und temperamentvolle Luise lässt sich dadurch aber nicht davon abhalten, immer wieder auch die Nähe des Volkes zu suchen. Ganz aus dem Häuschen sind die Dresdner, als sie „die liebenswürdige Prinzessin auf der Straße radeln sehen". Mit derlei Aktionen zog sie sich vor allem den Zorn ihres Schwiegervaters Georg zu, während König Albert und seine Gattin Carola durchaus wohlwollend darüber hinwegsahen. Auf die Unterstützung ihres Ehemanns hofft Luise vergeblich. Als treuer Sohn wagt er es nicht, seinem Vater zu widersprechen und seine junge Frau zu unterstützen. Je unbehaglicher die Situation zwischen Schwiegervater und Schwiegertochter wird, desto stärker zieht sich Friedrich August zurück, häufig entzieht er sich und macht Jagdausflüge. Die Streitigkeiten eskalieren, als Luise „den weitesten Kreisen der Dresdener Bevölkerung Gelegenheit" gibt, „mit ihr tanzen zu können". Der Vorfall ereignet sich auf einem Stiftungsfest des Österreichisch-Ungarischen Hilfsvereins. Sie nimmt „wacker als Patronesse des Ballfestes" teil, tritt „in die Reihen der Tänzerinnen" ein, und „auch den Kotillon" tanzt sie flott mit. Beim Kotillon hängt es vom Zufall ab, „welche Paare zusammengeführt werden. Das mag in Wien immerhin nicht gerade ungewöhnlich sein, in Dresden aber, wo es bis dahin üblich war, daß von den Prinzen und Prinzessinnen des köngl. Hauses Personen unter ihrem Range es als ganz besondere und sehr selten gewährte Auszeichnung anzusehen haben, wenn sie zu ‚einem Tanze befohlen' werden, konnte eine solche ‚Extravaganz' der hohen Frau schon recht übel vermerkt werden", berichten die *Innsbrucker Nachrichten*. Sie tanzt sich in die Herzen der Dresdner Bevölkerung, die sie gerade wegen ihrer liberalen und volksnahen Einstellung verehrt.

Im Januar 1902 tritt der Belgier André Giron seinen Dienst am Dresdner Hof an. Er wird der Sprachlehrer der Söhne des Prinzenpaars. Giron spricht sowohl mit Luise als auch mit den Kindern Französisch

„Von heute aus betrachtet, waren das sehr kleine Verfehlungen, doch am Hof wurden diese durchaus mit Hausarrest geahndet."

und nimmt an den Familienmahlzeiten teil. Luise gefällt, was sie sieht: einen jungen, attraktiven und gutaussehenden Mann, der großes Interesse an Kunst und Kultur hat. Darüber hinaus begeistert er Luise mit seinen inneren Werten. Auch Giron ist von der lebenslustigen und charmanten Frau und ihren geheimnisvollen dunklen Augen fasziniert. Die beiden entwickeln Gefühle füreinander.

Mit dem Tod König Alberts, dem kinderlosen Onkel ihres Gatten, am 19. Juni 1902, spitzt sich die Lage für Luise dramatisch zu, verliert sie doch nicht nur ihn als Fürsprecher, sondern auch seine Frau Carola – denn die Königinwitwe zieht sich vom Hof zurück. Da Luises Ehemann Friedrich August ebenfalls nur selten vor Ort ist, fühlt sie sich einsam und verlassen. Obwohl das Volk, Teile der Regierung und auch Familienmitglieder gegen eine Regentschaft ihres Schwiegervaters Georg sind, wird er König. Luise, mittlerweile am Hof isoliert, sieht sich nicht nur mit König Georg konfrontiert, sondern auch mit ihren „Erzfeinden": Innenminister Georg von Metzsch (1836-1927) und Oberhofmeisterin Henriette Freifrau von Fritsch (1847-1928). „Mein Erzfeind hat geistige Eigenschaften, die ich stets bewundert habe. Er ist eine elegante, vornehme, gewinnende Erscheinung und besitzt ausgezeichnete Manieren, einen eisernen Willen, unbarmherzige Hartnäckigkeit, wenn es gilt, Hindernisse zu beseitigen, kennt aber weder Ritterlichkeit noch Dankbarkeit, wo seine persönlichen Interessen in Betracht kommen", so Luises Urteil über Georg von Metzsch. Über Freifrau von Fritsch schreibt sie, dass diese „eine meiner unerbittlichsten Feindinnen" ist. „Diese Dame verdankte ihre Stellung an meinem

Hofstaate ihrer Freundschaft mit meinem Schwiegervater […]." Was dazu führte, „daß sie sich als ein Mitglied der königlichen Familie selbst ansah. Sie trug genau dieselben Toiletten wie ich. Ihre Nachahmungssucht ging so weit, daß sie von ihr in den Bereich der Lächerlichkeit hinübergetrieben wurde." Misstrauisch wird Luise auf Schritt und Tritt überwacht. Doch das verstärkt nur ihren Wunsch nach Schutz und Geborgenheit. Tröstend und verständnisvoll steht Giron an ihrer Seite. Die Gefühle, die die beiden füreinander hegen, schwelen erst unter der Oberfläche. Doch lange kann Luise nicht widerstehen und flüchtet in ihrer Einsamkeit in die Arme Girons. Die Verliebten tauschen nicht nur Zärtlichkeiten aus, sie stecken sich auch geheime Botschaften zu und schreiben sich anrührende Liebesbriefe. Ausgerechnet diese sehnsuchtsvollen Zeilen werden ihnen zum Verhängnis, denn sie führen zur Entdeckung ihrer Affäre. Besagte Freifrau von Fritsch hat Erfolg: Dank der sorgsamen Überwachung kann sie noch im selben Jahr die Korrespondenz zwischen der Kronprinzessin und dem Sprachlehrer abfangen und König Georg so einen Beweis für deren Heimlichkeiten vorlegen. Dieser handelt sofort: Giron hat auf der Stelle am 2. Dezember 1902 den Hof zu verlassen. Laut den *Innsbrucker Nachrichten* muss sich Giron „verpflichtet haben, Dresden und Sachsen überhaupt zu verlassen, und jeden weiteren Annäherungsversuch an Mitglieder der fürstlichen Familie zu vermeiden".

Luise von Toscana ließ sich gerne kostümiert darstellen. Dieses Bild zeigt sie als Marie-Antoinette.

Luise hat Angst, furchtbare Angst. Trotzdem stellt sie sich der Situation und leistet bei König Georg Abbitte. Auch wenn er ihr Vergebung gewährt, hat sie doch große Befürchtungen, dass sie ein ähnliches Schicksal wie Louise von Coburg erwartet. Schließlich musste diese Louise nach Bekanntwerden ihrer Affäre eine Verhaftung erdulden, und sie wurde anschließend in eine Irrenanstalt verschleppt und später in einer geschlossenen psychiatrischen Anstalt interniert." Dieses Schicksal bleibt der Kronprinzessin von Sachsen erspart, obwohl auch bei ihr die Unterbringung in einer psychiatrischen Anstalt auf dem Sonnenstein bei Pirna diskutiert wird. In ihrer Not wendet sie sich an ihren gehörnten Ehemann Friedrich August. Doch der kann oder will seiner Frau nicht zur Seite stehen, zu tief ist der Schmerz über den Verrat. In ihrer Not, verlassen von ihrem Geliebten, obendrein schwanger im vierten Monat, sucht sie Hilfe bei ihren Eltern, und König Georg erteilt ihr auch tatsächlich die Erlaubnis, am 9. Dezember zu ihnen nach Salzburg zu reisen. Diese verweigern der Schwangeren aber jegliche Hilfe. Frustriert wendet sich Luise an ihren Bruder Leopold (1868-1935). Gemeinsam schmieden die beiden Fluchtpläne, in der Nacht auf den 12. Dezember 1902 verlassen sie Salzburg in Richtung Zürich. Dort soll neben der Geliebten von Leopold, Wilhelmine Adamovic (1877-1910), auch der schöne Belgier André Giron auf sie warten. Gemeinsam reisen die vier am nächsten Tag weiter nach Genf und beziehen ein Hotel. Der Dresdner Hof steht Kopf: Friedrich August erfährt erst durch ein Telegramm von seinem Schwiegervater, dass Luise sich nicht mehr in Salzburg aufhält und ihr genauer Aufenthaltsort unbekannt ist. Wissend um die Überwachung Girons durch den sächsischen Hof, lenkt die Flüchtige sie bewusst auf eine falsche Spur. Luise schreibt an ihren Gatten, dass sie in Brüssel sei, und wünscht, von Freifrau von Fritsch abgeholt zu werden.

Friedrich August schreibt an seine Schwiegermutter am 14. Dezember: „Ich bin noch ganz geknigt. Ich habe ihr noch mehr wie mir selber vertraut und hänge an ihr trotz allem, was passiert ist, mit jeder Faser meines Herzens. [...] Ich sehe für die nächsten Jahre meine schönste Aufgabe darin mein Weibchen wieder an meiner Hand aufzurichten und es zu erreichen, daß sie in mir nicht blos ihren Lebensgefährten und den Vater ihrer Kinder, sondern auch ihren besten Freund erkennt, vor dem sie kein Geheimniß hat. Friedrich August hat seine Frau aufrichtig geliebt und hätte ihr auch verziehen, wäre sie reumütig zu ihm zurückgekommen. Wie groß muss die Enttäuschung gewesen sein, als der liebende Gatte herausfindet, dass Luise sich gar nicht in Brüssel aufhält und nicht nur ihn, sondern den ganzen Dresdner Hof zum Narren gehalten hat.

Noch schweigt sich der Hof zum Verhalten Luises aus und lässt ihr damit die Chance, ohne Skandal nach Dresden zurückkehren zu können. Mit einer bewusst lancierten Falschmeldung gegenüber der Presse wahrt man den Anschein. „Über das *Dresdner Journal* wird kommuniziert, dass die Kronprinzessin nach Salzburg zu ihren Eltern gefahren, dort aber bedauerlicherweise erkrankt sei und deshalb nicht die Heimreise antreten könne. Doch Luise ergreift die Möglichkeit bewusst nicht, denn jetzt wäre ihr eine Unterbringung in einer Irrenanstalt sicher gewesen.

Trotz des geschickt eingefädelten Täuschungsmanövers fliegen die vier auf. Am 21. Dezember gelingt es dem vom Dresdner Polizeipräsidenten beauftragten Kriminalkommissar Arthur Schwarz, den genauen Aufenthaltsort ausfindig zu machen. Obwohl sich Luise als Frau von Open ausgibt, kann Schwarz sie im Hotel d'Angleterre aufspüren. Der Kriminalkommissar beschattet die Kronprinzessin nahezu lückenlos. Wenn die vier das Hotel verlassen, durchsucht er die Räumlichkeiten und er sieht auch sämtliche Korrespondenz durch. Einmal täglich übermittelt er ein Telegramm, und die vollständige Berichterstattung erfolgt im Anschluss per Brief.

Am 22. Dezember wird die Flucht das erste Mal öffentlich: Die Presse schreibt, Luise habe „in der Nacht vom 11. zum 12. des Monats in einem anscheinend krankhaften Zustande seelischer Erregung Salzburg plötzlich verlassen und sich, unter Abbruch aller Beziehungen, zu höchst ihren Angehörigen, in Ausland begeben. Am königlichen Hofe sind für diesen Winter alle größeren Festlichkeiten abgesagt worden […]. Auch der Neujahrsempfang wird nicht stattfinden." Die *Dresdner Neuesten Nachrichten* greifen das Thema mit der Schlagzeile *Ein trübes Weihnachtsfest für unser Königshaus und Volk* auf: „Das ist ein schwerer Schlag, der unser Königshaus und unser sächsisches Volk kurz vor dem Weihnachtsfest getroffen hat. Sie ist wahr, unwiderleglich wahr, die traurige Kunde, die schon seit einigen Tagen als offenes Geheimnis hier in Dresden kursierte."

Die Würfel sind gefallen, für Luise ist eine Rückkehr zu Friedrich August jetzt unmöglich geworden. Damit ist für die Kronprinzessin ein Wunsch in Erfüllung gegangen, eine Scheidung wird jetzt auch der Dresdner Hof nicht mehr ablehnen können. Sie will aber selbst mit der Presse sprechen und versuchen, so Einfluss auf die Berichterstattung zu nehmen. Doch neben den für sie erfreulichen Entwicklungen steht ihr ein ganz trauriger und emotionaler Abend bevor. Wie er in seinem Bericht festhält, fällt Kriminalkommissar Schwarz am 24. Dezember, gerade einmal 15 Tage nach ihrer Abreise aus Dresden, schon im Verlauf des Tages auf: „Frau Kronprinzessin gibt sich hier den Anschein, als sei sie lustig und guter Dinge, obgleich sie es nach meiner augenscheinlichen Ueberzeugung durchaus nicht ist. Sie sieht auffallend blaß und eingefallen aus und als ich ihr heute früh auf der Treppe begegnete, glaubte ich eher eine ältere kranke Frau, als unsere Kronprinzessin zu sehen. Dem Ausdruck der Augen fehlt jeder Glanz." Luise ist zutiefst bedrückt und voller Sehnsucht, normalerweise würde sie an diesem Tag im Kreise ihrer Familie und vor allem ihrer Kinder in Dresden Weihnachten feiern. So bitter auch die Umstände für Luise sind, an Rückkehr denkt sie in diesem Moment nicht. Am 26. Dezember fasst sie sich ein Herz und schreibt an ihre Mutter Alicia: „Geliebtes, armes Mammerl, Nie hätte ich es nur gewagt, dir zu Schreiben, deine heutigen Zeilen haben mich tiefer getroffen, da sie mir unerwartet kamen u. ich kann vor Leid u. Schmerz kaum denken, seitdem ich weiss, daß du dein armes Kind weder verdammst noch hassen kannst. Ich leide unsagbar u. kann mich nicht von ihm losreissen, wenn auch die grenzenlose Qual der Sehnsucht nach meinen 5 Schatzerln mich oft fast den Verstand verlieren lässt."

Doch noch eine schmerzliche Überraschung hält dieser Tag für Luise bereit: Ihr Bruder Leopold verlässt mit seiner Begleitung Genf und reist weiter nach Montreux – just in dem Moment, als die Geliebte ihres Bruders Wilhelmine Adamovic in der Presse als Prostituierte dargestellt wird. Über die Gründe der Abreise kann selbst Kriminalkommissar Schwarz nur spekulieren: „Wahrscheinlich ist es ein Schachzug der Kronprinzessin u. Girons, welch letzterer ein sehr kluger und intelligenter Mensch ist, und der der Oeffentlichkeit gegenüber damit sagen will, daß er mit einer Adamovitch, deren Vergangenheit er erst durch die Presse erfahren, keine gemeinsame Sache machen will." Obwohl er Kalkül unterstellt, beschreibt er den herzzerreißenden Abschied der beiden Paare: „Leopold und die A. hatten bei der Abfahrt vom Hotel Thränen in den Augen, und die Kronprinzessin und Giron, die noch vom Balcon des Zimmers No. 9 Abschiedsgrüße zugewinkt haben, sollen nach Aussage Reicherts [Anm.: Hotelbesitzer] auch geweint haben." Doch auch ein weiterer Grund ist denkbar, Iris Kretschmann schreibt in ihrem Aufsatz *Luise von Toscanas Flucht und ihre Folgen* aus dem Buch *Skandal bei Hofe*: „Die künftige Frau Leopolds hatte prachtvolles, gewelltes, tizianrotes Haar und schöne dunkle Augen, doch sie gehörte nicht in Luises Welt. Die Kronprinzessin distanzierte sich von Wilhelmine, weil sie keine Manieren hatte und sie sie deshalb nicht mochte." So hat Luise sich zu ihrer zukünftigen Schwägerin folgendermaßen geäußert: „Leopolds Braut war so ungeschickt und zum Verzweifeln taktlos, daß sie meinen nervösen Zustand nur noch verschlimmerte."

Vermutlich hat Luise in den kommenden Tagen erst einmal Kraft geschöpft für ihren großen Auftritt, Iris Kretschmann führt dazu aus: „Giron und Luise haben am 29. Dezember im Hotel zahlreichen Journalisten Interviews gegeben und sich in ihrem Hotelappartement fotografieren lassen. Ein Foto ist besonders kompromittierend. Es handelt sich um ein Doppelporträt der verheirateten katholischen Kronprinzessin von Sachsen mit ihrem Liebhaber, Kopf an Kopf, ganz nah beieinander."
Der Dresdner Hof reagiert schnell darauf, am 30. Dezember teilt er offiziell im *Dresdner Journal* mit: „Nachdem Seine Königliche Hoheit der Kronprinz die Absicht kundgegeben haben, die mit Höchst-seiner Frau Gemahlin entstandene Eheirrung auf gerichtlichem Wege zum Austrag bringen zu lassen, ist von Seiner Majestät dem König darauf gemäß § 12 Abs. 1 des Nachtrags zum Königlichen Hausgesetze vom 20. August 1879 zur Entscheidung dieser Eheirrung ein besonderes Gericht von sieben Richtern niedergesetzt worden […]. Der Klageantrag wird auf Aufhebung der ehelichen Gemeinschaft gerichtet werden."

Bereits an Silvester wird zum ersten Mal deutlich, wie sehr dieser Druck der jungen Liebe zusetzt. Den Silvesterabend verbringen die

Verliebten getrennt voneinander. Luise sucht die Gesellschaft einer guten Freundin, Dr. Anna Bamberger. Und diese wird Luises Mutter berichten, dass ihre Tochter an diesem Abend „elend und traurig" gewesen ist. Am 7. Januar werden die Risse in der Beziehung deutlich, Giron zieht aus dem gemeinsamen Hotelappartement aus. Kurz findet das Paar anschließend jedoch wieder zusammen: Gemeinsam mit Giron verlässt Luise am 17. Januar Genf in Richtung Mentone. Auch hier folgt die Presse dem Paar, und Fotografen lichten die beiden ab.

Im Februar überschlagen sich die Ereignisse. Luise ist völlig außer sich, ihr Sohn Friedrich Christian, genannt Tia, erkrankt lebensbedrohlich an Typhus. In ihrer Not fasst sie schweren Herzens einen folgenschweren Entschluss, sie trennt sich am 10. Februar von Giron. So glaubt sie, vielleicht doch ihren über alle Maßen geliebten Sohn sehen zu dürfen. Bereits einen Tag später liegt das Urteil des Sondergerichts vor, gestützt auf das Geständnis von Luise und weiteren Beweismitteln: Die Ehe wird „vom Bande" geschieden. *Vom Bande* bedeutet, dass die Scheidung zwar standesamtlich erfolgt, aber nicht kirchlich. Trotz ihrer Trennung von Giron erhält Luise keine Erlaubnis, ihr krankes Kind zu sehen. Obendrein wird ihr das Betreten Österreich-Ungarns sowie des Deutschen Reichs untersagt.

„Ein Foto ist besonders kompromittierend. Es handelt sich um ein Doppelporträt der verheirateten katholischen Kronprinzessin von Sachsen mit ihrem Liebhaber."

Luise hat alles verloren: ihre Ehe, ihren Geliebten, ihre Heimat, ihre Kinder. Dennoch gibt sie nicht auf, sie kämpft um das kleine Wesen, das in ihr wächst, und auch darum, ihren zurückgelassenen Nachwuchs sehen zu dürfen.

Ende Februar darf Luise doch auf etwas Milde hoffen. Sie verpflichtet sich am 24. Februar 1903, gerade einmal zwei Wochen nach der Trennung, dass sie Giron nicht wieder treffen werde, bis zur „bevorstehenden Niederkunft, der Moment, bis zu welchem ich es mir vorbehalte eine endgültige Entscheidung zu treffen". Damit erfüllt Luise eine Forderung des Dresdner Hofs, der ihr im Gegenzug dafür gewährt, dass sie sich in der Villa ihrer Eltern in Lindau aufhalten dürfe.

Kurz vor der Geburt am 23. April schreibt Luise an Friedrich August: „Jeden Tag erwarte ich die schweren Stunden, deren Todesangst u. Sorgen du bisher so liebevoll mit mir getheilt, die ich nun allein tragen muss ohne zu klagen. Du weisst, daß dieses furchtbare Ringen zwischen Leben u. Tod der Mutter Das Erstere kosten kann, unmöglich kann ich Sterben ohne mit diesen wenigen Zeilen Abschied von dir genommen zu haben." Aber eine Bitte hat sie noch an Friedrich August: „[G]ieb jedem meiner geliebten Kleinen einen Kuss von ihrer Mama, die wenn der liebe Gott es wollte, daß Sie sterben soll, ein Herz voll unsagbarer Liebe, die alles durchgekostet, was Mutterliebe an tiefstem Schmerz an qualvoller Sehnsucht durchkosten konnte mit hinüber nimmt, ein Herz das nur mehr für Sie u. für dich lebt, in grenzloser Sehnsucht betet, hofft u. weint. Luisa."

Die kleine Anna Monica Pia wird am 4. Mai 1903 in Lindau am Bodensee geboren, und Friedrich August erkennt das kleine Mädchen als seine Tochter an. Doch auch wenn die Freude über die Geburt Luise kurz tröstet, ist sie doch gefangen in dem Schmerz über den Verlust ihrer älteren Kinder.

Im Dezember 1904 – mehr als zwei Jahre sind bereits vergangen, seit sie ihre Kinder das letzte Mal gesehen hat – hält sie es nicht mehr aus, und in ihrer Verzweiflung reist sie heimlich und unerlaubter Weise nach Sachsen. Sie hofft auf ein Wunder und wählt bewusst die besondere Zeit um Weihnachten für ihre Verzweiflungstat. „Ich fuhr mit dem Taxameter am Taschenberg vorbei durch die Pragerstraße, hielt bei dem Parfümeriegeschäft Sux u. stieg aus, ich sprach den Besitzer u. fuhr dann auf den Neumarkt wo ich Ausstieg und ruhig nach dem Palais gieng. An der Thüre des Mittelpalais fasste mich eine Hand beim Arm, ein Mann grüsste mich ehrerbietig u. sagte ‚Kaiserliche Hoheit ich habe Befehl Sie aufzuhalten ich bin der Criminalcomissar Unger'! Ich war weder erstaunt noch erschrocken, sagte sofort ‚ich habe meinen Advocaten D. Z. im Hotel Bellevue gehen wir dorthin.'" In einem Brief an Friedrich August bittet Luise darum, die Kinder sehen zu dürfen. Darauf erhält sie die Antwort, „dass ich auf Befehl S. M. sofort das Land zu verlassen hätte. Trotzdem wurden die 3 Punkte meiner Vorschläge vom Ministerium angenommen: 1. Wiedersehen mit den Kindern bei meinen Eltern im Sommer spätestens, 2. Monica soll mir gelassen werden, 3. Ständiger Wohnort von S. M. dem König mir angewiesen."

Auch wenn sie ihre Kinder nicht sofort sehen darf, hat sie einen Punktsieg errungen. Ihr jüngstes Kind darf bei ihr bleiben, und der Besuch bei den anderen Kindern wird immerhin in Aussicht gestellt. Zwar hat der Hof sie gänzlich abweisend empfangen, doch die Bevölkerung jubelt ihr zu. Auch dazu schreibt sie ihrer Mutter: „Das Publikum hat mich beim Wegfahren fast weggetragen, Frauen hielten mich an den Kleidern und küssten meine Hände meinen Schleier, Männer Schluchzten u. weinten laut, die Polizei wurde niedergerissen u. Rufe ‚unsere Luise muss bleiben, unsere Königin werden die Sachsen Zurückholen – Luise komm wieder ja du musst wieder kommen wurden mit lautem Rufen vernommen!"

Doch Luise muss lange warten und sehnsuchtsvoll ausharren. Nicht wie ursprünglich angekündigt im Sommer 1905, noch nicht einmal im Sommer 1906 wird ihr erlaubt, ihre Kinder wiederzusehen. Erst am 26. Oktober 1906 darf sie ihre beiden Söhne Georg und Friedrich Christian unter immensen Auflagen für zwei Stunden in der sächsischen Gesandtschaft in München sehen. Wie schwer muss es der Mutter gefallen sein, ihre Kinder nach zwei Stunden wieder verlassen zu müssen.

Auf Schloss Pillnitz lernte Luise von Toscana im Sommer 1887 ihren späteren Gatten Friedrich August von Sachsen kennen.

Doch 1907 scheint es so, als ob Luise noch einmal ihr Glück finden solle. Unbemerkt vom Hof und der Presse, heiratet sie im September erneut: den 13 Jahre jüngeren italienischen Komponisten und Pianisten Enrico Toselli (1883-1926). Luises Eltern, beide katholisch, sind entsetzt über die Wiederverheiratung und es kommt zum endgültigen Bruch mit der Familie. Doch mit der zweiten Ehe ruft sie auch Friedrich August auf den Plan. Dieser erneuert seinen Anspruch auf Herausgabe der gemeinsamen Tochter und fordert deren Übergabe unverzüglich ein. Ein Jahr nachdem Luise ihre Söhne gerade einmal zwei Stunden sehen durfte, muss sie ihre jüngste Tochter an den Dresdner Hof übergeben.

Auch in der zweiten Ehe wird Luise nicht glücklich, kurz nach der Eheschließung kommt es immer häufiger zu Auseinandersetzungen. Zwar kann die Geburt des Sohnes Carlo Emanuele Filiberto, genannt „Bubi", am 7. Mai 1908 die Ehe zunächst stabilisieren. Zum Leidwesen aller jedoch nicht langfristig. Luise ist immer häufiger mit ihrem Bubi längere Zeit alleine unterwegs, ohne Toselli.

Die ehemalige Kronprinzessin zieht nach Brüssel und nennt sich ab sofort Antoinette Maria Comtesse d'Ysette. Wieder ist es ein Mann, der sie zu diesem Schritt inspiriert: der zwölf Jahre jüngere belgische Ingenieur Fernand Vanderstraeten.

Toselli ist nicht gewillt, das so einfach hinzunehmen, und verklagt Luise wegen Ehebruchs. In Belgien steht darauf Gefängnisstrafe. Die belgische Polizei nimmt die Überwachung auf, kann aber außer einem freundschaftlichen Verhältnis keine den Vorwurf des Ehebruchs rechtfertigenden Handlungen feststellen.

Und erneut erschüttert ein Ereignis Luises Welt: Im Oktober 1911 entführt Toselli den gemeinsamen Sohn Bubi und bekommt durch das kurz darauf ausgesprochene Scheidungsurteil das Sorgerecht zugesprochen. Zwar geht Luise dagegen vor, aber 1912 wird es nochmals gerichtlich bestätigt, und damit verliert Luise auch ihr letztes Kind.

Mit dem Sturz der Monarchie durch die Revolution von 1918 stellt Sachsen die Überwachung von Luise ein. Der Verein Haus Wettin zahlt weiterhin eine kleinere Apanage. Sechs Jahre nach der Revolution kann Luise 1924 Kontakt mit ihren mittlerweile erwachsenen Kindern aufnehmen. Dieses Mal erhält sie die Verbindung aufrecht und darf auch ihre Enkelkinder kennenlernen. Friedrich August verfügt testamentarisch, dass Luise nach seinem Ableben eine Rente von 7.000 Mark erhalten soll, er stirbt 1932. Die Zahlungen werden durch die Nationalsozialisten allerdings 1939 eingestellt. Unterstützt wird sie in dieser schweren Zeit und auch den folgenden Kriegsjahren durch Freunde und ihre Kinder. Sie kann sich kein Hauspersonal mehr leisten und muss auch einige Jahre frierend die Wintermonate in ihrer nicht geheizten Wohnung überstehen.

Vergessen von der Presse, stirbt Luise vollkommen unbeachtet am 23. März 1947 und wird auf dem Friedhof von Ixelles zu Grabe getragen. Da sie nur in einem Wartegrab bestattet wird und dieses 1953 geräumt werden muss, findet sie in der Gruft der Hohenzollern in Sigmaringen ihre letzte Ruhestätte. So tragisch wie ihr Leben war also auch ihr Leben: eine Kronprinzessin, die das Volk liebte und von diesem geliebt wurde und die sich aber trotzdem gezwungen sah, der Gefühlskälte und Borniertheit des sächsischen Hofs zu entkommen. Doch durch ihre Flucht verloren ihre Kinder die Mutter und das Volk seine vermeintlich zukünftige Königin.

Melanie Kunze

Gleicher Name – gleiches Schicksal:

Traumatisch muss die Hochzeitsnacht für die 17-jährige Louise von Sachsen-Coburg (1585-1924) gewesen sein, denn schon am nächsten Morgen wollte sie ihren Mann, den 14 Jahre älteren Prinzen Philipp von Sachsen-Coburg und Gotha (1844-1921) verlassen. Überzeugt von der Mutter blieb sie, flüchtete sich aber in diverse Affären. Nach dem sich der Gehörnte mit einem Nebenbuhler duellierte, weist man Louise in eine Irrenanstalt ein. Sie flieht und verliert damit ihre Ansprüche: Sie muss das Land verlassen, stirbt einsam und verarmt.

Mit den Beinen denken
Ein Leben für den Tanz

„Es gibt eine innere Notwendigkeit zu tanzen, woher sie kommt, wissen wir nicht. Ist sie vorhanden, so bleibt uns nichts anderes übrig, als dem Zwang zu folgen." Dieses Zitat stammt von einer der berühmtesten Tänzerinnen, die in Dresden ihre Spuren hinterlassen hat: Palucca – wie sich Margarete Paluka ab 1921 genannt wissen will. Dresden ist die Stadt, in der sie zum Tanz findet, und der Ort, an dem sie auch weiterhin tanzen will. Dafür kämpft sie, dafür passt sie sich an, wo es nötig ist. Ihre Person und ihr Leben würden sich nur aus ihrem Tanz heraus erklären lassen, so wie sich ihr Tanz nur vor dem Hintergrund ihrer Person und ihrer Lebensumstände verstehen lasse, verkündete sie einst in einem Interview aus dem Jahr 1984. Da hat die berühmte Tänzerin und Tanzpädagogin bereits ein bewegtes Leben hinter sich – im wahrsten Sinne des Wortes, denn Bewegung, der Tanz, ist ein elementarer Bestandteil davon.

Am 8. Januar 1902 erblickt sie in München das Licht der Welt. In die Wiege gelegt wird ihr die Tanzkunst nicht, ihr Vater ist Apotheker, ihre Mutter, eine ungarische Jüdin, Hausfrau. Wahrscheinlich aus wirtschaftlichen Gründen wandert die Familie 1908 nach Kalifornien aus, doch nur ein Jahr später kehrt die Mutter mit Palucca und deren Bruder Hans nach Deutschland zurück und lässt sich mit ihren Kindern in Dresden nieder.

Schon im zarten Alter von sechs Jahren ist Palucca klar, dass sie nur eines will: tanzen. Doch die Verwirklichung ihres Traums stellt sich als gar nicht so reibungslos heraus: „Es war nicht einfach, die häuslichen Widerstände in meiner Familie von braven Fabrikanten zu überwinden. Aber meine Ent-

Gret Palucca auf einer Fotografie von Genja Jonas, entstanden vor 1938.

schlossenheit stand dagegen, weil mir der Tanz nun einmal eingeboren war!" Nachdem sie zunächst Erfahrungen im Rollschuhlauf, Seiltanz, Hoch- und Weitsprung gesammelt hat, nimmt Palucca in Dresden erstmals Unterricht in klassischem Tanz, ab 1914 ist sie Schülerin in der Ballettschule des Dresdner Opernhauses.

In den nächsten Jahren muss Palucca mehrere Schicksalsschläge verkraften: 1915 stirbt ihr Vater, vier Jahre später ihr Bruder.

1918 folgt sie ihrem Lehrer, dem bekannten Tänzer und Choreographen Heinrich Kröller (1880-1930) nach München. Zu schaffen macht Palucca jedoch schon „bald der Mißklang zwischen dem, was mir als Ideal von Tanz vorschwebte, und dem, was mir als Tanz gelehrt wurde. Der innere Zwiespalt wurde so groß, daß ich an meiner tänzerischen Begabung schon völlig verzweifelte." Auch ihr Lehrer hegt Zweifel an der Eignung seiner Schülerin, nicht nur, da sie sich gegen die festgelegten Bewegungsabläufe des Balletts sträubt, sondern auch aufgrund ihrer physischen Voraussetzungen. Palucca hat nicht den Körper für klassischen Tanz und keine im klassischen Sinne schönen Füße – damals wie heute ein Ausschlusskriterium.

Die Konsequenz: Palucca bricht die Ausbildung ab und kehrt 1919 nach Dresden zurück. Dort besucht sie erstmals einen Auftritt der Tanzgruppe um Mary Wigman (1886-1973). Über den von Wigman begründeten Ausdruckstanz hält Palucca fest: „Es war etwas so unerhört Neues, etwas so Elementares, daß mir sofort klar wurde: Entweder lerne ich bei ihr tanzen, oder ich lerne es nie!" Und das tut Palucca dann auch. Bei ihrem ersten Treffen mit ihrer zukünftigen Lehrerin fragt diese sie, was sie denn könne. Paluccas Antwort scheint Wigman zu überzeugen: „Ich kann sehr gut über zwei Stühle auf einen Tisch springen." 1920 tritt Palucca in die Wigman-Schule ein und schließt sich der Tanzgruppe an.

Ihr Talent für Sprünge ist außerordentlich – während einer der ersten Unterrichtsstunden holt sie Teile eines Kronleuchters von der Decke –, doch ist es im doppelten Sinn eine solche Kapriole, die Mary Wigman veranlasst, Palucca aus Schule und Tanzgruppe auszuschließen: Bei einer Aufführung 1923 tanzt sie regelrecht aus der Reihe, ignoriert die Choreographie und fügt eigenmächtig einen zusätzlichen Sprung hinzu. Für die impulsive und ungestüme Palucca bedeutet Tanz nicht die Reproduktion eines bereits vorgegebenen Formenkodexes, sie will tanzen, was ihr selbst einfällt.

Nun befreit von allen äußeren Vorgaben, beginnt Palucca 1924 ihre Solokarriere und ist in den nächsten Jahren auf den Bühnen Europas unterwegs. Während es bisher üblich ist, nur im Saal zu improvisieren, um eine Choreografie zu erarbeiten, traut Palucca sich als Erste, auf der Bühne öffentlich Soloimprovisationen zu zeigen. Anfangs wird die junge Tänzerin schwer dafür kritisiert, dass ihre Bewegungen so gymnastisch und hüpfend aussehen. Doch ihr Credo lautet: „Ich will nicht hübsch und lieblich tanzen." Und entsprechend kraftvoll tritt sie auch auf der Bühne auf: Sie stampft beispielsweise oder ballt die Fäuste. Trotz aller Kritik kann Palucca sich mit ihrer neuen Art zu tanzen durchsetzen. Während die Ausdruckstänzer häufig emotionale Themen und Stimmungen vertanzen, heißen die Tänze bei ihr oft so, wie die Musik, also *Serenata*, *Walzer* oder *Tango*. Und sie ist der Meinung, die Emotion muss aus dem, wie sie tanzt, kommen und nicht Ausgangspunkt der Gestaltung sein.

Neben ihrem Kontakt zu anderen Tänzern zählen zu Paluccas privatem sozialen Umfeld vor allem Vertreter der künstlerischen Avantgarde, Maler, Bildhauer, Architekten und Fotografen der Dresdner Kunstwelt und des Bauhauses wie Wassily Kandinsky und Paul Klee. Die Bauhausvertreter lernt sie über die Dresdner Kunstsammlerin Ida Bienert (1870-1965) kennen, die gleichzeitig ihre Schwiegermutter wird: 1924 heiratet Palucca den Kunstmäzen und Besitzer der Bienertmühle Friedrich Bienert (1891-1969), genannt Fritz. Die Ehe wird 1931 wieder geschieden.

Parallel zu ihrem Erfolgszug als Solotänzerin fängt Palucca auf Drängen einer ehemaligen Wigman-Mitschülerin an, selbst modernen Tanz zu unterrichten. Nun existieren im Dresden der Weltwirtschaftskrise zwei Institute für modernen Tanz und es geschieht das Vorhersehbare: Palucca und Mary Wigman, vormals Schülerin und Lehrerin, werden zu erbitterten Konkurrentinnen. Nachdem sie zunächst in einem Raum ihrer Wohnung unterrichtet hat, verlegt Palucca ihren Schulbetrieb 1925 in eigens angemietete Räumlichkeiten und gründet die „Palucca Schule Dresden". Neben der Karriere als Tänzerin einen Lehrbetrieb zu führen, verlangt Palucca einiges ab, aber der Unterricht ist ihr mindestens ebenso wichtig. Unterstützung, vor allem finanzieller Art, aber auch in Sachen PR, erhält sie von ihrem vermögenden Ehemann.

1930 wird für Palucca ein Jahr voller Gegensätze. Ihre kinderlose Ehe mit Fritz Bienert endet in einer freundschaftlichen Trennung, tänzerisch jedoch erzielt sie den Durchbruch ihrer Karriere: Ihr Erfolg auf dem deutschen Tänzerkongress in München macht sie schlagartig berühmt, sodass sie nicht länger nur bei Künstlern und Tänzern bekannt ist. Besonders kurios: In München wird ihr ausgerechnet die Leitung der Ballettabteilung angeboten, die zuvor ihr ehemaliger Lehrer und Ballettmeister Kröller innehatte. Angesichts dieser Ironie des Schicksals – eine gescheiterte Ballettschülerin, die den klassischen Tanz noch dazu ablehnt, in der Position einer Ballettdirektorin – lehnt Palucca wie zu erwarten ab und kehrt nach Dresden zurück. Dort erfährt ihre Schule mittlerweile so viel Zulauf, dass sie 1932 in größere Räumlichkeiten umziehen muss.

Von den Nationalsozialisten wird der moderne Tanz in den ersten Jahren nach ihrer Machtübernahme zunächst als etwas genuin Deutsches gefeiert – und Palucca als *die* deutsche Tänzerin, die getreu dem Motto „Kraft durch Freude" die gesunde und starke Frau verkörpert. Auf dem Höhepunkt ihrer Verehrung tanzt sie 1936 bei der Eröffnungsfeier der Olympischen Spiele in Berlin. Doch immer mehr bekommt Palucca zu spüren, dass der moderne deutsche Tanz von der Bewegung bis zur Musik zunehmend vom politischen System bestimmt wird. Alles, was von dessen Idealvorstellungen abweicht, gilt als „entartet". Wird sie zunächst noch als berühmte Tänzerin hofiert, wendet sich im November 1936 das Blatt. Die nationalsozialistische Presse wirft ihr vor, „sie zeige zu viel Individualismus und zu wenig Gemeinschaftssinn", schreibt Angela Rannow in *Tanz ist Tanz: Palucca*. Deutschland und damit Dresden zu verlassen, kommt für sie jedoch nicht infrage. Um den neuen Machthabern keinen Grund des Anstoßes zu geben, distanziert sich Palucca von ihren Bauhaus-Kontakten, entlässt jüdische Mitarbeiter ihres Lehrbetriebs und hält ihre eigene jüdische Herkunft geheim. Dessen ungeachtet erteilen die Nationalsozialisten der „Halbjüdin" 1939 ein Auftrittsverbot für von NSDAP und Staat organisierte Veranstaltungen, zudem schließen sie ihre

Tanzschule. Privat kann Palucca aber nach wie vor deutschlandweit auftreten, was sie auch fleißig tut: Sage und schreibe 99 Gastspiele gibt sie 1942/43, „bevor die Endphase des Zweiten Weltkriegs aller Kunstausübung in Deutschland ein Ende bereitete", wie Rannow schreibt.

Nach dem Zweiten Weltkrieg steht Palucca wie viele andere ohne Hab und Gut da. Den Bombenangriff auf Dresden überlebt sie, weil sie intuitiv statt in den Luftschutzkeller auf die offene Straße flieht – Wohnhaus und Tanzschule werden komplett zerstört. Trotz dieses herben Rückschlags beginnt Palucca kurz darauf wieder mit dem Tanzen. „Palucca unterrichtet wieder", lässt sie die Dresdner im Mai 1945 durch an Bäume geheftete Zettel wissen. Im Juli kann die Tanzschule wiedereröffnen, 1949 wird sie verstaatlicht, steht aber nach wie vor unter Paluccas Direktion und künstlerischer Leitung.

„Es war etwas so unerhört Neues, etwas so Elementares, daß mir sofort klar wurde: Entweder lerne ich bei ihr tanzen, oder ich lerne es nie!"

Die DDR bevorzugt jedoch das russisch geprägte klassische Ballett. Man orientiert sich, auch was die Kunst betrifft, am Vorbild der Sowjetunion und damit der Doktrin des sozialistischen Realismus. Der moderne Tanz gilt als bürgerlich-dekadent. Dennoch gelingt es Palucca, ihre Art des modernen Tanzes entgegen den kulturpolitischen Idealen beizubehalten. Sie benennt ihn einfach in „Neuer Künstlerischer Tanz" um und fährt fort zu unterrichten. Ihre Bekanntheit kommt ihr dabei zugute. Da die sowjetische Besatzungsmacht eine große Hochachtung vor Künstlern hat, wird Palucca im Prinzip hofiert, um sie als Flaggschiff in der Ostzone zu behalten. Palucca als Person wohlgemerkt – nicht ihren Tanz. Obwohl auch ihre starke Verbundenheit zu Dresden sie davon abhält, in den Westen zu gehen, versteht es Palucca, geschickt zu taktieren. Ihre Popularität tauscht sie gegen Zugeständnisse und Sonderrechte. Immer wenn etwas geschieht, das ihr nicht passt, wenn zum Beispiel zu viel Ballett in den Stundenplan integriert werden soll, Umstrukturierungen anstehen oder sie nicht genug Geld bekommt, droht sie damit, im Westen zu bleiben. Nicht nur das Reisen ins westliche Ausland gehört zu Paluccas Privilegien, sie verfügt darüber hinaus über ein Auto mit Chauffeur und ein Ferienhäuschen auf Hiddensee, wo sie seit 1948 die Sommermonate verbringt, allerdings nicht tanzt, sondern sich erholt.

Als ab 1952 die Tanzschule am Basteiplatz neu errichtet wird, hat Palucca ihre aktive Karriere als Tänzerin bereits beendet. Zwei Jahre zuvor war sie bei der Rückkehr von einer ihrer Tourneen in einen schweren Autounfall geraten, bei dem sie durch die Frontscheibe geschleudert wurde und daraufhin mehrmals operiert werden musste. Ihren letzten öffentlichen Auftritt hatte sie 1951 gehabt, als sie zum 75. Geburtstag des damaligen DDR-Präsidenten Wilhelm Pieck (1876-1960) ein Solo tanzte.

Die folgenden Jahrzehnte sind geprägt von anhaltenden Auseinandersetzungen mit den Kulturfunktionären der DDR, aber Palucca gelingt es, dass an ihrer Schule weiterhin ihre Vorstellungen von Tanz als Unterrichtseinheit gelehrt werden können. Die Lehrtätigkeit, der sie bis 1990, also bis ins hohe Alter, nachgeht, nimmt einen immer größeren Stellenwert ein.

Am 22. März 1993 stirbt Palucca an den Folgen einer Lungenentzündung, und mit ihr eine Ikone der Tanzwelt. Beigesetzt wird sie an dem Ort, mit dem sie neben Dresden am meisten verbindet: Hiddensee. Durch vier politische Systeme hindurch ist es ihr gelungen, sich als – zumindest überwiegend – gefeierte Künstlerin mit ihrem Tanz zu verwirklichen und ihn sowie ihre Schule der Nachwelt als Erbe zu hinterlassen. Dass Mensch, Pädagogin und Künstlerin bei ihr nicht zu trennen waren, dass der Tanz ihr Leben war, dafür gibt es nur einen Ausdruck, den Namen, den sie sich selbst gab – Palucca.

Elena de F. Oliveira

Palucca Hochschule für Tanz Dresden:

An der Palucca Hochschule für Tanz Dresden erhalten Schüler eine Ausbildung als professionelle Tänzer, Choreografen und Tanzpädagogen. Sie ist heute bundesweit die einzige eigenständige Hochschule für Tanz und befindet sich am Basteiplatz 4.

Kurfürstin Agnes von Hessen mit ihrem Gemahl Moritz. Das Doppelporträt fertigte Lucas Cranach der Jüngere 1559.

Geheimnisvolle Inschrift
Giftmord oder Fehlgeburt?

Wurde sie ermordet? Auf ewig zum Schweigen verdammt? Agnes von Hessen, geboren 1527, stirbt am 4. November 1555. Ihre Grabplatte birgt eine seltsame Inschrift, die vermuten lässt, dass sie vergiftet wurde. Die Altphilologin Elisabeth Asshoff hat sich viel mit dem Leben und Tod der ersten albertinischen Kurfürstin Sachsens beschäftigt:

Agnes heiratet im Januar 1541 den Herzog und späteren Kurfürsten Moritz von Sachsen (1521-1553). Eine für die damalige Zeit, in der arrangierte Ehen die Regel sind, durchaus ungewöhnliche Liebesheirat. „Zumal Agnes schon im Alter von zwei Jahren dem – damals einjährigen – Erich II. von

Braunschweig-Calenberg versprochen worden war", unterstreicht Elisabeth Asshoff. Die Liebe zwischen Moritz und Agnes ist groß, die Freundschaft und das Vertrauen tief. Wie Kerstin Schiefner in der *Sächsischen Biographie* schreibt, lebt das jungvermählte Paar zunächst am Hessischen Hof in Kassel: Agnes ist die Tochter des Landgrafen Philipp I. von Hessen (1504-1567), einem wichtigen Wegbereiter der Reformation und Mitbegründer des Schmalkaldischen Bundes, der damit de facto ein Gegner ihres Gatten ist, welcher als Albertiner aufseiten Kaiser Karls V. (1500-1558) kämpft und versucht, die Reformation zu verhindern.

Als sein Vater Herzog Heinrich (1473-1541) stirbt, zieht Moritz nach Dresden, um dessen Nachfolge anzutreten, Agnes folgt ihm im November desselben Jahres gemeinsam mit ihrer Mutter, Landgräfin Christine von Hessen (1505-1549), und ihrer Tante, Herzogin Elisabeth von Sachsen (1502-1557). Die Zeiten sind unruhig: Verbittert kämpfen die Protestanten, die sich in einem Verteidigungsbündnis, dem Schmalkaldischen Bund, zusammengeschlossen haben, gegen die Truppen Kaiser Karls V. In Sachsen bricht sich dieser Streit zwischen den Albertinern, die von Agnes' Gatten angeführt werden und aufseiten des Kaisers stehen, und den protestantischen Ernestinern Bahn. 1547 kommt es zur Schlacht bei Mühlberg, bei der die Albertiner über die Ernestiner siegen – mit der Konsequenz, dass Letztere die Kurfürstenwürde übergeben müssen. „Damit wird Agnes zur Kurfürstin", benennt Elisabeth Asshoff die Folge. Nun unterwirft sich auch Landgraf Philipp von Hessen, Agnes' Vater, dem Kaiser, dieser setzt ihn jedoch für fünf Jahre in den Spanischen Niederlanden fest.

Agnes, schon immer im Zwiespalt zwischen den konträren politischen Bindungen ihres Vaters und ihres Gatten, beginnt nun, sich in politische Belange einzumischen. „Ihr vertraute Moritz wichtige Unterlagen an und bezog sie bei Vertragstexten ein", schreibt Kerstin Schiefner in der *Sächsischen Biografie*. Bei allem Engagement pro Habsburg ist Agnes aber auch rührend um ihre hessische Familie bemüht: Im April 1549 stirbt ihre Mutter, ihr Vater befindet sich noch in Gefangenschaft, Agnes kümmert sich um ihre jüngeren Geschwister, die sie an den sächsischen Hof holt. Und dann, nach zwölfeinhalb glücklichen Jahren an Moritz' Seite, ändert sich ihr Leben von einem

Tag auf den anderen: Ihr geliebter Gatte wird in der Schlacht bei Sievershausen verwundet und erliegt am 9. Juli 1553 seinen schweren Verletzungen. „Sein Tod könnte im weitesten Sinne auch den Tod seiner Gattin zwei Jahre später zur Folge gehabt haben", sagt Elisabeth Asshoff. „Sie heiratet nämlich am 26. Mai 1555 Herzog Johann Friedrich II. von Sachsen und ist wenige Monate später tot – als Todesursache wird eine Fehlgeburt angegeben." Auf ihrer Grabplatte in der Weimarer Stadtkirche – sie hatte Dresden nach dem Tod ihres ersten Gatten verlassen und lebte fortan in der ernestinischen Residenz Weimar – steht allerdings in lateinischer Inschrift etwas anderes. Dort ist, ins Deutsche übersetzt, nach einer kurzen Beschreibung über Agnes' Leben zu lesen: Sie starb „[...] einen Tod, der nicht frei ist von dem Verdacht dargebotenen Giftes. Alles Verborgene richtet Gott". Möglicherweise wurde Agnes also vergiftet.

Die Altphilologin erklärt: „Da rätseln auch die Kunsthistoriker, darüber rätseln alle, und im Grunde werden wir auch alle keine Antwort mehr bekommen." Sie interpretiert die Inschrift so: „Wir werden das niemals erfahren, wir werden nicht erkennen, ob Agnes vergiftet wurde oder nicht. Aber Gott wird es erkennen." Auch zum vorangehenden Satz, „durch den Tod gelöst, einen Tod, der nicht frei ist von dem Verdacht dargebotenen Giftes", hat sie eine Erklärung: „Es muss ja der, der die Inschrift in Auftrag gab, die Vermutung gehabt haben, sie sei vergiftet worden", überlegt sie. Wer dieser Jemand war, ist klar: ihr zweiter Ehemann Johann Friedrich II. von Sachsen (1529-1595). Für die Altphilologin ist naheliegend, dass es, wenn Agnes wirklich vergiftet wurde, einen Zusammenhang mit ebenjener Fehde zwischen den Ernestinern und den Albertinern gibt, die in der Übertragung der Kurfürstenwürde gipfelte, aber viel weiter zurückreicht: Nach dem Tod Friedrichs IV. (1384-1440) war dessen Herrschaftsgebiet, die Landgrafschaft Thüringen, an seine Neffen Friedrich II. (1412-1464) und Wilhelm III. (1425-1482) gefallen. Wilhelm III. war aber mit dieser „Altenburger Teilung" nicht einverstanden, und es kam zum Sächsischen Bruderkrieg, der von 1446 bis zum Naumburger Frieden 1451 dauerte. Doch das ist nur die Vorgeschichte, denn auch Friedrichs Söhne Ernst (1441-1486) und Albrecht (1443-1500) von Sachsen teilten das von ihrem Vater geerbte Land im Jahr 1485 in der sogenannten

„Leipziger Teilung". Albrecht, der Beherzte genannt, gründete die Albertinische, Ernst die Ernestinische Linie. Bei den Albertinern galt von da ab die Primogenitur – also die Regelung, nach der nur der älteste Sohn erbt –, um eine weitere Teilung des Landes zu vermeiden. Die Ernestiner hielten es hingegen weiterhin mit der Erbteilung, weshalb ihre Besitztümer viele Jahrhunderte lang in zahlreiche Herzogtümer zersplittert waren. Und hinsichtlich ihrer religiösen Ausrichtungen hätten sie unterschiedlicher eben nicht sein können – ein weiterer Grund, sich zu bekämpfen.

„Agnes' erster Mann, Moritz von Sachsen, war also Albertiner, Johann Friedrich Ernestiner", unterstreicht Elisabeth Asshoff. „Nach nur dreimonatiger Ehe starb die zuvor kerngesunde Agnes. Und nun nimmt man an – das ist natürlich eine Spekulation –, dass befürchtet wurde, Agnes bringe aus dem Lager der Albertiner Geheimnisse in das Lager der Ernestiner mit, und dass man sie deshalb vergiftet hat." Dieser These zufolge war es also ein Albertiner, der Agnes auf dem Gewissen hatte. Musste sie sterben, damit sie nicht redet? Spricht dafür nicht auch die Tatsache, dass sie auf dem Epitaph mit verbundenem Mund gezeigt wird? Asshoff deutet das anders. Diese Darstellung, sagt sie, sei gerade im 16. und

Elisabeth Asshoff hat sich viel mit Agnes von Hessen beschäftigt.

beginnenden 17. Jahrhundert die typische Darstellung einer zur Zeit der Anfertigung des Epitaphs bereits verstorbenen Frau. In diesem Fall wurde die Frau des Stifters mit verhülltem Mund dargestellt.

Und noch etwas hat die Altphilologin herausgefunden: „Interessanterweise hat Johann Friedrich, ihr zweiter Gatte, der auf den Grabstein schreiben ließ, sie sei vergiftet worden, seinem Neffen 30 Jahre später berichtet, dass sie an einer Fehlgeburt gestorben sei", merkt sie noch an. Warum er das tat, wo er doch 30 Jahre zuvor seinen Verdacht hatte in Stein meißeln lassen? Eine späte Erkenntnis? Oder der Wunsch nach Frieden zwischen Ernestinern und Albertinern? „Das werden wir wohl nie in Erfahrung bringen", sagt Elisabeth Asshoff. „Wenn alle Dinge wahr wären, die in Stein gemeißelt wurden, gäbe es wohl viel weniger ungelüftete Geheimnisse. So aber bleiben es manche – für immer."

„Interessanterweise hat Johann Friedrich, ihr zweiter Gatte, der auf den Grabstein schreiben ließ, sie sei vergiftet worden, seinem Neffen 30 Jahre später berichtet, dass sie an einer Fehlgeburt gestorben sei."

Eva-Maria Bast

....

Inschrift:

Die Inschrift auf der Weimarer Grabplatte der Agnes von Hessen – ins Deutsche übersetzt: „So lebte ich, Agnes, bis jetzt, vom hessischen Blut abstammend, vermählt mit zwei Herzögen von Sachsen. Als Witwe des ersten Gemahls, des Fürsten Moritz, kam ich in dein Ehebett, Johann Friedrich. 27 Jahre wurde ich alt und verschied in die himmlischen Gefilde, durch den Tod gelöst, einen Tod, der nicht frei ist von dem Verdacht dargebotenen Giftes. Alles Verborgene richtet Gott."

WIDERSTAND UND FÜRSORGE
Der Engel mit den roten Flügeln

Kaum jemand würde der Frau ansehen, was sie in ihrem Leben alles durchmachen musste – und dass dieses ein viel zu frühes Ende fand. Und dennoch trägt die Büste im Park des nach ihr benannten Elsa-Fenske-Heims ein Lächeln im Gesicht.

Die Tochter eines bekannten deutschen Textilfabrikanten und einer Niederländerin mit spanischen Vorfahren kommt am 20. April 1899 als Elsa Classen in Aachen zur Welt. Ihre Kindheit und Jugend verbringt sie in Bern in der Schweiz, für eine kaufmännische Ausbildung geht sie jedoch nach Aachen zurück. In Köln findet sie Arbeit und tritt 1920 der freien Gewerkschaft bei. Elsas Schwager – ihre Schwester Fini ist bereits verheiratet – ist Mitglied der Kommunistischen Partei Schwedens und macht Elsa mit der Theorie des Marxismus vertraut. Mit seinen Ausführungen stößt er bei ihr auf offene Ohren, die junge Frau ist sofort Feuer und Flamme und beschäftigt sich eifrig mit den sozialistischen Ideen.

Elsa will ins Zentrum des politischen Geschehens, zieht nach Berlin und findet dort eine neue Arbeitsstelle in einem Betrieb für medizinische Instrumente. 1922 wird sie Mitglied der Kommunistischen Partei Deutschlands. Zwei Jahre später wird der KPD im sogenannten Tscheka-Prozess vorgeworfen, in die terroristischen Anschläge und Attentate der von Presse und Justiz als „Deutsche Tscheka" bezeichneten kommunistischen Untergrundorganisation involviert zu sein. Auch Elsa steht unter Verdacht, sie muss sechs Monate in Untersuchungshaft verbringen, wird schließlich jedoch aus Mangel an Beweisen freigesprochen.

Elsa Fenske war überzeugte Kommunistin und Widerstandskämpferin im Dritten Reich.

Danach wird es für Elsa nicht leichter, sie ist eine ganze Weile arbeitslos, bis sie 1925 anfängt, als Korrespondentin für die Handelsvertretung der Sowjetunion zu arbeiten. In ihrer kleinen Berliner Mansardenwohnung herrscht in jener Zeit reges Treiben, hier kommen KPD-Mitglieder und Sympathisanten zusammen, die jungen Menschen teilen außerdem das Interesse für Literatur und Laienkünstler.

Man tauscht sich aus, diskutiert – und produziert: In Elsas Wohnung werden nicht nur Artikel verfasst, sondern auf einem Handapparat in ihrer Küche auch gleich vervielfältigt. Mithilfe ihrer Kontakte zu Arbeitern und Angestellten versorgen die Aktivisten auf diese Weise die verschiedensten Betriebe mit Betriebszeitungen; Versuche seitens der Betriebsdirektionen, Elsa und ihren Freunden auf die Schliche zu kommen, schlagen fehl.

Auch für die sozialen Rechte der Frauen engagiert sie sich bereits in den 1920er-Jahren. „Inzwischen hatte sie sich zu einer erfolgreichen Berliner Frauenleiterin der KPD im Unterbezirk Berlin-Zentrum entwickelt. Sie gehörte zur Frauenabteilung der Bezirksleitung Berlin-Brandenburg, später auch zur Frauenabteilung des Zentralkomitees", schreibt Emmy Koenen in ihrem Porträt über Elsa Fenske-Classen.

Die Büste der Elsa Fenske steht im Park des nach ihr benannten Altenheims.

Lange schon wünscht sich Elsa, eine Familie zu gründen. In dem Hamburger Kommunisten Hermann Fenske findet sie den passenden Mann an ihrer Seite, 1930 kommt ihr gemeinsamer Sohn Kurt zur Welt. 1932 folgt sie einem Auftrag der Kommunistischen Partei und zieht mit ihrer Familie nach Hamburg, wo sie fortan als Instrukteurin für Betriebsarbeit bei der KPD-Bezirksleitung Altona arbeitet. Das junge Glück währt nicht lange: Da Elsa sich ab 1933 verbotenerweise am Widerstand gegen die Nationalsozialisten beteiligt, wird sie noch im selben Jahr gemeinsam mit ihrem Sohn von den neuen Machthabern festgenommen und drei Monate lang im Gefängnis Altona inhaftiert. Die Gestapo hat ihren

Mann ins Visier genommen, auch er gerät in Gefangenschaft. Elsa besucht ihn im Zuchthaus Oslebshausen in Bremen, dort treffen sie sich noch einmal für wenige Minuten – bevor sie sich nie wieder sehen werden, Hermann soll aus der Haft nicht zurückkehren.

In dieser Situation, an der manch anderer innerlich längst zerbrochen wäre, zeigt Elsa Stärke. Sie wird nicht müde, den Weg des Widerstands weiterzugehen, was dazu führt, dass sie am 1. Oktober 1936 erneut verhaftet wird. Obwohl sie sich der Gefahr, die ihr als Kommunistin im Dritten Reich droht, bewusst ist, nimmt sie für ihre Überzeugung in Kauf, viele Jahre im Gefängnis zu sitzen, und nicht nur dort, sondern auch im Konzentrationslager.

Während der Untersuchungshaft verfolgen die Nationalsozialisten nur ein Ziel: Elsa zu brechen und zum Reden zu bringen. In gekrümmter Haltung wird sie in Fesseln gelegt, sie muss Schläge ertragen und tagelang ohne Nahrung ausharren – doch Elsa schweigt. Im Winter 1938 fällt der „Volksgerichtshof" ein Urteil: lebenslanges Zuchthaus, Antrag auf Todesstrafe. Der unterstellte Tatbestand: „Vorbereitung zum Hochverrat". Als Begründung formuliert das Gericht: „Die Angeklagte ist eine außerordentlich geschickte und erfahrene Kommunistin. Sie ist energisch und intelligent und kann die Folgen ihrer Handlungen stets klar überblicken. In der Hauptverhandlung hat sie sich in ganz fanatischer Weise zum Kommunismus bekannt."

Die Haftbedingungen zehren an Elsas Kräften, sie wird schwer krank; die Monate, die sie in Dunkelarrest verbringen muss, kosten sie fast ihr Augenlicht; was aus ihrem kleinen Sohn geworden ist, weiß sie nicht. Aufgrund ihrer Erkrankung wird sie ins Lazarett verlegt, nur um ein Haar entgeht sie der Deportation nach Auschwitz, was ihren sicheren Tod bedeutet hätte. Eine Mitinhaftierte hat erfahren, dass Elsa auf der Liste für den nächsten Transport steht, gemeinsam mit anderen Frauen will sie Elsa vor diesem Schicksal bewahren. Sie fordert Elsa auf, Tag und Nacht zu stricken. Was die in Gefahr Schwebende nicht weiß: Mit den Handarbeiten lässt sich ein Mitarbeiter des Zuchthauses bestechen, Elsa von der Liste verschwinden zu lassen.

Der 12. Februar 1945 bietet nach entbehrungsreichen Jahren endlich Grund zur Hoffnung: Das Zuchthaus-Lazarett wird von der Roten Armee befreit. Elsa schließt sich der Gruppe um den SED-Funktionär

Anton Ackermann an, der sie mit nach Dresden nimmt. Am 8. Mai 1945 kommt sie in die Stadt an der Elbe, der sie in der Nachkriegszeit ihre gesamte Energie widmet. Denn bereits zwei Tage später verkündet der bisherige Direktor des Dezernats Sozialfürsorge gegenüber seinem Mitarbeiterstab: „Das Sozialwesen der Stadt Dresden wird künftig einer Frau unterstellt sein." Die Skepsis ist anfangs groß, stellt dieses Amt doch nach Kriegsende eine überwältigende, für eine Frau womöglich gar nicht stemmbare Aufgabe dar, so die öffentliche Wahrnehmung. Elsa selbst beschreibt die Situation, die sie vorfindet, folgendermaßen: „Verirrte Kinder, todmüde, enttäuschte und mißbrauchte heimkehrende Soldaten, Millionen seit Jahr und Tag auf den Landstraßen umherziehende Flüchtlinge, Kranke, Sieche, Mütter und Kinder, elend und abgerissen, zum Teil krank, verlaust, verdreckt. […] Das waren die Gäste, die an die Tore der zertrümmerten deutschen Städte klopften […]."

Aber Elsa beweist allen Zweiflern das Gegenteil, entschlossen und mit beherztem Einsatz schreitet die neue Stadträtin beim Aufbau der Stadtverwaltung voran. Sie koordiniert die Registrierung und Versorgung der Flüchtlinge, darunter viele Kinder und Kranke, die aus Osteuropa herkommen. Die engagierte Aktivistin organisiert ihnen Wohnungen, besorgt Ärzte und gründet darüber hinaus Frauenvereine. Obwohl oder gerade weil sie selbst schon so viele Schicksalsschläge hinnehmen musste, scheut Elsa das Elend nicht, sie besucht die Flüchtlinge in den Lagern, berät sie, schenkt den Menschen in Dresden Hoffnung. Unterstützung erhält sie von Tausenden freiwilligen Helferinnen und Helfern, mit denen sie im Herbst eine beachtliche Bilanz ziehen kann: „Am 30. Oktober 1945 sind alle in Dresden erfaßten 932 Voll- und 5.362 Halbwaisen in 64 Heimen der Sozialen Fürsorge und in geordnete Privatpflege untergebracht", schreibt Emmy Koenen.

Nicht nur den Flüchtlingskindern steht Elsa mit Trost und Hilfe zur Seite, auch ihr eigenes kann sie in die Arme schließen. Nach sieben langen Jahren, in denen sie ihren Sohn Kurt nicht gesehen, aber unermüdlich gesucht hat, treffen sich Mutter und Kind im Sommer endlich wieder. Elsas Sorge, Kurt könne durch die faschistische Ideologie beeinflusst worden sein, erweist sich zu ihrer großen Erleichterung als unbegründet: „Meine Befürchtungen, daß die Hitlerjugend ihn geistig verseucht hätte, trafen nicht zu [...]. Selbständiges Denken und das Wissen um meinen Aufenthalt haben ihn davor bewahrt."

Das Jahr 1946 hält einen weiteren sehr glücklichen Moment für sie bereit: Im April ist sie beim Gründungsparteitag der SED in Berlin dabei. Die letzten Jahre ihres Lebens verbringt Elsa in Dresden. Dort ist sie seit Oktober 1946 als Ministerialdirektorin in der Landesverwaltung Sachsen mit der Leitung der Abteilung Arbeit und Fürsorge betraut. Eigentlich möchte sie ein Waisenmädchen adoptieren, aber das Arbeitspensum macht ihr einen Strich durch die Rechnung.

Gerade erst hat Elsa ihr Kind wiedergefunden – da muss sie es schon wieder verlassen, diesmal für immer. Im Dezember ist sie bei sehr schlechten Straßenverhältnissen auf dem Weg in den Norden Dresdens. Elsa will der schwer kranken Chemiestudentin Elli Schließer, die ihre Familie durch die Nationalsozialisten verloren hat, die frohe Botschaft überbringen, dass einer ihrer Brüder noch lebt. Doch die Straße zwischen Radeberg und Königsbrück ist am 29. Dezember 1946 stark vereist – es kommt zu einem Autounfall, der für Elsa tödlich endet.

Nur eineinhalb Jahre hat sie in Dresden verbracht, aber eine entscheidende Rolle gespielt und viel erreicht. Und hätte, wie Emmy Koenen schreibt, „das heiße Herz, das stets für das Wohl anderer schlug", an diesem Tag nicht aufgehört zu schlagen, wer weiß, was die mutige Frau nicht noch alles vollbracht hätte.

Elena de F. Oliveira

Altenpflegehim Elsa Fenske:

Seit 1952 heißt das Altenpflegeheim, in dessen Garten die Sandsteinbüste der Namensgeberin steht, „Elsa Fenske". Es befindet sich in der Freiberger Straße 18. Seit jeher steht die Einrichtung im Zeichen der Fürsorge: Im Jahr 1286 stiftete Markgraf Heinrich III. (um 1215-1288), genannt der Erlauchte, an dieser Stelle ein Spital für aussätzige Frauen.

9748.   15. 10. 07.

Anmeldung zum Eintritt *d. C. E.*
in die
Königl. Sächs. Technische Hochschule.

Des Angemeldeten

Familienname *Winnmeister*

Vornamen (Rufname zu unterstreichen) *Johannes*

Staatsangehörigkeit (Vaterland) *Sachsen*

Geburtsort (Amtshauptmannschaft, Kreis) *Tharandt Amtsh. Dresden*

Geburtstag und Jahr *18. 11. 1887.*   (Religion / Konfession) *evangelisch*

Abteilung (Fachschule) *Allgem. Abt.*   In welches Studiensemester erfolgt der Eintritt: *10/16*

Name, Stand und Titel, sowie Wohnort des Vaters (event. der Mutter oder des Vormunds):

J. Fl. Winnmeister, Professor Dr. Tharandt Rattenburg

Letzter Aufenthaltsort *Tharandt*

Verzeichnis der der Anmeldung beigelegten Zeugnisse (§§ 4 und 5 der Studienordnung):

Reifezeugniss und Führungszeugniss
zurückerhalten d. 22/3 09.
Johannes Winnmeister.

Ort, Jahr und Tag der Ausfertigung: Unterschrift:

15. 10. 1907. Techn. Hochsch.   *Johannes Winnmeister*

Wohnung: *Tharandt Rattenburg.*

Die Erste der Ersten
Matrikelnummer 9748

*M*athematik und Physik: zwei Schulfächer, die bei Kindern und Jugendlichen häufig nicht sonderlich beliebt sind. Doch es soll auch Ausnahmen geben: „Dass ausgerechnet die erste weibliche Studentin an der Königlich Sächsischen Technischen Hochschule zu Dresden, Johanna Weinmeister, sich diese Fächerkombination ausgewählt hat, ist schon etwas Besonderes", meint Dana Frohwieser, Bildungswissenschaftlerin an der TU Dresden.

Das Licht der Welt erblickt Johanna Weinmeister am 14. November 1887 in Tharandt, südwestlich von Dresden gelegen. Ihr Vater, Dr. Johann Philipp Weinmeister, ist „Geheimer Hofrat" und ordentlicher Professor für Mathematik und Physik. „Und er hat ihr wohl auch das Talent in die Wiege gelegt", nimmt die Mitarbeiterin der TU Dresden an. Neben der Förderung der Begabungen wird im Hause Weinmeister auch auf gute Allgemeinbildung geachtet. Johanna besucht sechs Jahre lang die private höhere Töchterschule in ihrem Heimatort, anschließend erhält sie anderthalb Jahre Privatunterricht in Latein und Mathematik. Es folgen zweieinhalb Jahre realgymnasiale Kurse für Mädchen in Leipzig, und „dort gelingt es ihr auch 1907, zur Osterzeit die Reifeprüfung vor der Königlichen Prüfungskommission abzulegen", schildert Dana Frohwieser den weiteren Verlauf bis zum Abschluss der Schulzeit.

Gestärkt von diesem Erfolg, stellt Johanna den Antrag, als Studentin an der Königlich Sächsischen Technischen Hochschule zu Dresden aufgenommen zu werden – erfolglos. „Sie wurde schlicht abgelehnt", gibt Dana Frohwieser die Entscheidung des „Königlichen Ministeriums des Kultus und öffentlichen Unterrichts" wieder. Doch immerhin: Die Zulassung als

Die Anmeldung von Johanna Weinmeister bei der Königl. Sächs. Technischen Hochschule.

Hospitantin wird ihr gewährt. Da sich das Ministerium aber mit einer Vielzahl solcher Anfragen von Frauen auf Zulassung zum Studium konfrontiert sieht, teilt es mittels eines Schreibens sowohl an den Rektor als auch an den Senat der Hochschule mit, dass künftig auch „weibliche Studierende" aufgenommen werden sollen. Das rege Interesse und die stetig steigende Zahl der Zulassungsanträge von Frauen hat schließlich den ersten Studentinnen den Weg geebnet. Damit muss die Hochschule die Einschreibung von Studentinnen neu regeln und hält am 5. September 1907 in ihren Regularien fest: „Weibliche Personen können unter denselben Bedingungen wie die männlichen Studierenden aufgenommen, als Zuhörerinnen eingeschrieben und als Hospitantinnen zugelassen werden. Mit Genehmigung des Ministeriums kann ein Dozent den weiblichen Studierenden die Teilnahme an einer bestimmten Vorlesung oder Übung untersagen."

Das lässt sich Johanna nicht zweimal sagen und meldet sich am 10. Oktober 1907 erneut zum Studium der Mathematik und Physik für das höhere Lehramt an. „Am 15. Oktober wird sie immatrikuliert und erhält die Matrikelnummer 9748", berichtet Dana Frohwieser. Zwar nimmt Emmy Schecker das Studium der Chemie gleichzeitig mit Johanna Weinmeister auf, bricht es aber bereits im ersten Semester wieder ab. „Deshalb gilt Weinmeister als erste ordentliche Studentin", erklärt die Bildungswissenschaftlerin.

Die 22-jährige Frau studiert bis Ostern 1909 in Dresden, wechselt dann nach Göttingen, legt im Wintersemester 1910/1911 ein Urlaubssemester ein und setzt anschließend ihr Studium in Dresden fort.

Im Frühjahr 1913 meldet sie sich zum Examen für das höhere Lehramt an. Sowohl die schriftlichen als auch die mündlichen Prüfungen legt sie im Dezember 1913 mit dem Prädikat „gut bestanden" ab. „Damit ist sie die erste Absolventin der Technischen Hochschule zu Dresden", fasst Dana Frohwieser zusammen. Im Anschluss erarbeitet sich Johanna auch die Lehrbefähigung für die erste Stufe in reiner und angewandter Mathematik sowie in Physik. Auch ihre Lehrprobe wird ein Erfolg: Sie besteht mit Auszeichnung.

Bis zum Herbst 1914 muss sie sich gedulden, bevor sie das Erlernte in die Praxis umsetzen kann. Dann tritt die junge Lehrerin ihr Probejahr an der „Höheren Mädchenschule" in Dresden an und unterricht ab Ostern 1915 bereits die Klassen 1 bis 6. „Später übernahm sie auch die Klassen 7 bis 10", schildert die Universitätsmitarbeiterin den weiteren beruflichen Werdegang. Trotz ihrer Berufstätigkeit liebäugelt die Lehrerin mit einem erneuten Studium, doch herrscht durch den Ersten Weltkrieg ein derart großer Lehrermangel, dass dies schlichtweg unmöglich ist: Johanna Weinmeister wird dringend gebraucht. Und sie ist pflichtbewusst. In den Wirren des letzten Kriegsjahres unterrichtet sie nicht nur Mathematik und Physik, sondern auch Chemie, Erdkunde und beschreibende Naturkunde.

1919 wechselt Johanna an die „Höhere Mädchenschule zu Annaberg" und wird dort zunächst zur Studienrätin und 1924 schließlich zur stellvertretenden Direktorin ernannt.

Doch der Beruf ist anstrengend, die Strapazen des Ersten Weltkriegs haben ebenfalls ihre Spuren hinterlassen, mit Johanna Weinmeisters Gesundheit ist es nicht zum Besten bestellt. Ihr Hausarzt Dr. Haupt stellt fest, dass sie „in Folge von Überarbeitung an einem Erschöpfungszustand mit rheumatischen Beschwerden" leide. Er empfiehlt einen längeren Urlaub und hält eine baldige Kur für nötig. Die Lehrerin folgt zwar seinen Empfehlungen, erholen kann sie sich jedoch nicht mehr. Am 30. Juni 1929 wird sie für dienstunfähig erklärt und in den Ruhestand versetzt.

„Sie zieht sich vollkommen zurück, gibt aber ab und an noch Nachhilfeunterricht in Mathematik", schildert Dana Frohwieser die letzten Lebensjahre. Am 27. Januar 1940 schließt die erste Absolventin der Königlich Sächsischen Technischen Hochschule zu Dresden für immer ihre Augen.

Melanie Kunze

Frauenstudium:

Die Schweiz war Vorreiter, dort wurden bereits im Jahr 1840 Hörerinnen zugelassen, in Deutschland erst 1896. Promovieren konnten sie bei den Eidgenossen ab 1867 und in der deutschen Kaiserzeit ab 1904.

MÄZENIN MIT MACHTHUNGER
Die zwei Seiten einer Kurfürstin

„*I*n den Geschichtsbüchern ist immer nur von der hochtalentierten, moralisch einwandfreien, aus Bayern stammenden Maria Antonia die Rede", sagt Christine Fischer. „Und Maria war ja auch wirklich eine angesehene Künstlerin und Förderin der Künste. Sie malte, schrieb Gedichte und Romane, machte Literatur-Übersetzungen, komponierte, sang und spielte Cembalo. Sie war in Dresden eine sehr geschätzte Person." Doch diese Frau hatte auch noch eine ganz andere – dunkle – Seite, die der Autorin im Zuge ihrer Recherchen über Maria Antonia begegnete.

Maria Antonia ist die älteste Tochter des Kurfürsten Karl Albrecht von Bayern, ab 1742 römisch-deutscher Kaiser Karl VII. (1697-1745). Früh werden ihre vielseitigen Talente gefördert. Maria Antonia ist sehr musikalisch, schon als Jugendliche spricht sie Französisch, Italienisch und Latein. 1747 heiratet die Wittelsbacherin den sächsischen Kurprinzen Friedrich Christian (1722-1763), dessen Vater Kurfürst Friedrich August II. von Sachsen seit 1734 als August III. König von Polen ist. Zur gleichen Zeit wird auch ihr Bruder Max III. Joseph (1727-1777) mit der wettinischen Prinzessin Maria Anna Sophie (1728-1797) verheiratet, da die Eltern der beiden schon immer um eine Verbindung des wittelsbachischen mit dem verwandten Haus Wettin bemüht waren. Dass gleich zwei ihrer Kinder in das wettinische Adelsgeschlecht einheiraten, sollte die politische Annäherung der Kurfürstentümer Bayern und Sachsen fördern.

„Nach der Hochzeit zog Maria Antonia nach Dresden und wurde hier schnell recht beliebt – auch wegen ihres kultivierten Auftretens und ihres kulturellen und politischen Engage-

Maria Antonia Walpurgis von Bayern, gemalt von Anton Rahphael Mengs, 1752.

ments", erzählt Christine Fischer. Maria schaltet sich in die Regierungsgeschäfte ihres Mannes ein und flieht im Siebenjährigen Krieg (1756-1763) vor den Preußen über Prag nach München. Alois Schmid beschreibt das in der *Deutschen Biographie* so: „Als nach der Besetzung Sachsens durch (den preußischen König) Friedrich II. im August/September 1756 der Kurfürst nach Warschau auswich, verblieb ‚der junge Hof' des Kurprinzen in Dresden, um die Regierung des Landes aufrecht zu erhalten. […] Allerdings nahmen die Entbehrungen und Gefährdungen schließlich ein derartiges Ausmaß an, daß auch das Kurprinzenpaar über Prag in das sichere München auswich (Jan. 1760 bis Jan. 1762)." Von München nach Dresden zurückgekehrt, wird Friedrich Christian im Oktober 1763 Kurfürst. Bald darauf wird Maria Witwe: Friedrich Christian stirbt am 17. Dezember 1763 an den Pocken – und sie übernimmt, zusammen mit ihrem Schwager Franz Xaver, die kursächsischen Regierungsgeschäfte, ihr ältester Sohn, der spätere Kurfürst Friedrich August III., ist noch minderjährig.

Doch dann kommt es zum Streit, und der hat mit ebenjener dunklen Seite zu tun, auf die Christine Fischer während ihrer Recherchen gestoßen ist. In den Erinnerungen von Ferdinand von Funck, die 1928 von Artur Brabant unter dem Titel *Im Banne Napoleons* veröffentlicht wurden, heißt es: „Beide, der Prinz Xaver und die Kurfürstin Mutter, waren nichts weniger als einig, denn beide wollten nach der Epoche der Mündigkeit des jungen Kurfürsten unter seinem Namen regieren." Der „Administrator" – gemeint ist Prinz Xaver – „erhielt ihn zu diesem Zweck in der

Christine Fischer hat sich intensiv mit Maria Antonia beschäftigt, als sie für ein Buch recherchiert hat.

völligen Unwissenheit über alles, was ein Regent wissen muß, dessen Pflichten und Verantwortlichkeit ihm zugleich auf eine abschreckende Weise furchtbar und groß dargestellt wurden. Durch diese Unwissenheit und eine ängstliche Gewissenhaftigkeit hoffte der Administrator ihn auch künftighin von sich abhängig zu erhalten, und selbst als Ratgeber und erster Minister unter seinem Namen fort zu regieren."
Doch der Thronfolger Friedrich August erhält von Funck zufolge noch von anderer Seite Druck: „Die Kurfürstin-Mutter ging viel weiter, sie legte es nämlich darauf an, ihren Sohn an Geist und Körper zu verwahrlosen. […] Unter dem Vorwand mütterlicher Sorgfalt legte es die Kurfürstin darauf an, ihn durch Verzärtelung physisch zu entnerven; nicht nur alle Leibesübungen waren untersagt, er durfte kaum einmal an die freie Luft kommen, und

„Vernünftig denkende und letztlich handelnde Personen am Hof verhinderten die Intrige."

wenn es geschah, nur im zugemachten Wagen, kaum im Zimmer vom Stuhl aufstehen. Sie hatte es dadurch so weit gebracht, daß er im 14. Jahre fast ganz zusammengewachsen war, und dicke Gelenke bekommen hatte, was man an seinen Knien und seinem Gange noch wahrnimmt." Mit anderen Kindern in seinem Alter zu spielen, ist dem jungen Prinzen verboten. Des Weiteren schreibt von Funck, die Kurfürstin-Mutter habe, „noch immer nach der Regierung strebend, den unnatürlichen und unsinnigen Plan gefaßt […], sich selbst entehrend ihren ältesten Sohn für unecht, und den auf ihn folgenden Bruder, den gelähmten Bruder Karl, für den echten und erstgeborenen Sohn des verstorbenen Kurfürsten Christian zu erklären, um alsdann über diesen kränklichen und geistesschwachen Fürsten die Vormundschaft zu führen".
Von Erfolg gekrönt wird diese Intrige allerdings nicht: Friedrich August III. wird 1763 Kurfürst und 1806 erster König von Sachsen. Christine Fischer hat die Hintergründe recherchiert und sagt: „Vernünftig denkende und letztlich handelnde Personen am Hof verhinderten die Intrige. Es gab sogar einen Prozess, in dem die Mutter in die Schranken gewiesen wurde. Natürlich achtete man danach peinlichst darauf, dass die Schmach nicht an die Öffentlichkeit drang." Die Autorin bilanziert: „So beliebt sie war, sie war auch, und das ist eben

die unbekannte Seite, ungemein machthungrig und entblödete sich nicht, ihren ältesten Sohn und Thronfolger als Bastard hinzustellen, damit die Regentschaft an dessen jüngeren Bruder Karl fiel, der durch seine schwache körperliche und geistige Konstitution völlig ungeeignet war. Das alles nur, damit sie Kursachsen selbst regieren konnte." Christine Fischer findet die Diskrepanz zwischen dem Bild, das öffentlich von der beliebten und musikalisch begabten Maria Antonia gezeichnet wird, und den Umständen, die von Funck beschreibt, faszinierend und zugleich bestürzend: Die Darstellung dieser dunkleren Seite hat sie nur bei von Funck gefunden. Doch der sollte es wissen, war er doch seit Februar 1807 Generaladjutant des Königs, der ihm großes Vertrauen entgegenbrachte. Dadurch bekam von Funck nahe Einblicke in das Geschehen bei Hofe.

„So beliebt sie war, sie war auch, und das ist eben die unbekannte Seite, ungemein machthungrig und entblödete sich nicht, ihren ältesten Sohn und Thronfolger als Bastard hinzustellen, damit die Regentschaft an dessen jüngeren Bruder Karl fiel, der durch seine schwache körperliche und geistige Konstitution völlig ungeeignet war."

Als Friedrich schließlich trotz der Intrigen seiner Mutter Kurfürst wird, zieht sie sich dennoch nicht zurück. Schmid schreibt: „In der Absicht, die poln. Königskrone für das Haus Wettin zu erlangen, begann sie einen Briefwechsel mit Friedrich d. Gr., den sie 1769 und 1770 in Potsdam besuchte und der mit ihr lange, schöngeistige Gespräche führte." Zum Beispiel schreibt er am 20. Dezember 1767 an Maria Antonia: „Wenn man Künste und Tugenden in einer Person vereinigt findet, ist es möglich zu verhindern sie zu lieben? Diese Liebe ist nicht der Art, die vor Scham errötet, deren Flamme nicht den Brand in das Herz der Liebenden trägt, aber eine unwiderstehliche Anhänglichkeit, von Bewunderung begleitet. Das, Madame, ist das Gefühl, welches Sie in meiner Seele erwecken, und das keine Macht darin zerstören kann." Weiter ist bei Schmid nachzulesen: „Sie intrigierte bei ihrem Aufenthalt in München 1772 mit den Anhängern der poln. Konföderation gegen die poln. Teilung. Mit aller Energie betrieb sie nach der Poln.

Teilung 1773 das Projekt eines sächs.-bayer.-pfälz. Bündnisses zur Erhaltung der Reichsverfassung unter preuß. Garantie, doch entzog sich Friedrich diesen Plänen. Erst nach 1773 gab M. diese Privatpolitik auf, über die der Dresdener Hof häufig nur unvollkommen informiert war."

Nun nimmt Maria Antonia eine Leidenschaft ihrer Jugend wieder auf und widmet sich der Kultur, um die sie sich auch wirklich verdient macht – nicht nur, dass sie zwei Opern geschrieben und das Libretto zu einem Oratorium verfasst hat: „Im literarischen Bereich machte sie das franz. und deutsche Theater in Dresden heimisch, betätigte sich als Übersetzerin, schrieb Romane und Gedichte", schreibt Schmid. Und: „Sie malte und förderte auch die Bildenden Künste."
Eine machtbesessene Frau mit Hang zum Schönen.

„Das alles nur, damit sie Kursachsen selbst regieren konnte."

Eva-Maria Bast

Untertanen-Wohlfahrt:

Maria war gemeinsam mit ihrem Mann stets um das Wohl der Untertanen bemüht. Die beiden gründeten zum Beispiel die sogenannte „Untertanen"-Wohlfahrt. Auch nach dem Tod ihres Mannes kümmerte sich Maria um ihre Untergebenen – Glück war ihr dabei allerdings nicht immer beschieden. Zum Beispiel versuchte sie, durch Gründung einer Brauerei und zweier Tuchfabriken Arbeitsplätze zu schaffen, jedoch ohne Erfolg.

STEINIGER WEG
Disziplin und Geduld

Sie ist 34, Mutter dreier Kinder, ihr Ehemann hält sich häufig fern vom Familienalltag und das Frauenstudium ist hierzulande verboten: nicht gerade ideale Voraussetzungen für Anna Fischer-Dückelmann, ihr Medizinstudium in Angriff zu nehmen. Und doch tut sie in den frühen 1890er-Jahren genau das – nichts und niemand hätte sie davon abhalten können, ihren Traum, Ärztin zu werden, in die Tat umzusetzen. Und dieser Traum hört nicht bei der klassischen Medizin auf: Anna Fischer-Dückelmann wird später die erste Ärztin deutschlandweit sein, die sich mit Naturheilkunde beschäftigt und diese mit Erfolg in Dresden anwendet.

Anna Clara Theresia Dückelmann wird am 7. Juli 1856 in Wadowice, Galizien geboren. Sie wächst in wohlhabenden Verhältnissen auf, die Familie muss jedoch bedingt durch den Beruf des Vaters – Friedrich Wilhelm Dückelmann (1818-1890) ist österreich-ungarischer Militärarzt – häufig umziehen. Anna schreibt dazu: „Ich lebte als Kind in Italien, Ungarn, Oberösterreich und verbrachte die Mädchenjahre in Brünn […]." Dr. Marina Lienert vom Institut für Geschichte der Medizin der TU Dresden erzählt: „Leider kann man aufgrund der schlechten Quellenlage nicht sagen, welchen genauen schulischen Weg Anna geht, als sicher gilt aber eine künstlerische Ausbildung." Laut der Dissertationsschrift *Frauen in der Naturheilbewegung: Anna Fischer-Dückelmann und Klara Muche. Ihre Lebenswege, medizinischen und insbesondere frauenheilkundlichen Auffassungen* von Patrick Bochmann schwanken „[i]hre Interessen zwischen Musik und Malerei. […] Sie beschloss, Porträtmalerin zu werden."

Anna Fischer-Dückelmann setzte mit ihrem Lebenswerk ein Zeichen für Naturheilkunde und Frauen im Arzt-Beruf.

Über die Jugendjahre berichtet Marina Lienert, die sich intensiv mit Anna beschäftigt hat, „dass sie diese vermutlich in Wien, bei ihrer Familie verbringt". Bochmann schreibt, die junge Frau habe ihren späteren Mann Arnold Fischer (1853-1932) in Graz kennengelernt. Weiter gibt er an: „Gemäß den Überlieferungen in der Familie Fischer soll die Heirat mit Arnold Fischer, einem ‚charmanten, gut aussehenden Mann', eine ‚Liebesheirat' gewesen sein."

Die Ehe zwischen den beiden ist aber weder von Annas Angehörigen erwünscht noch von Familie Fischer. Nach Auffassung der Eltern sind die beiden zu jung, auch Arnold Fischers unregelmäßige Einkünfte sprechen gegen eine Vermählung. Die Verliebten lassen sich aber nicht aufhalten: Am 17. Juli 1876 treten sie vor den Stadtrat in Graz und geben sich das Jawort.

Arnold Fischer soll, laut dem Familienarchiv der Dückelmanns, als Buchhändler nicht auf der Erfolgsspur gewesen sein, eher im Gegenteil. Statt die Bücher zu verkaufen, liest er sie selbst. Gerne geht er spazieren, bewaffnet mit einem Opernglas, um so manchen verstohlenen Blick in die Fenster anderer zu erhaschen.

Porträt von Anna Fischer-Dückelmann (Aufnahme vor 1917).

Ein knappes Jahr nach der Heirat bringt Anna am 12. Juni 1877 ihre erste Tochter, Elsa Ricarda, zur Welt, und im August 1878 wird sie zum zweiten Mal Mutter. In dieser Zeit muss die Familie immer wieder umziehen, da Arnold Fischers Anstellungen meist nicht lange Bestand haben.

Doch Anna lässt sich nicht unterkriegen: „Um ein mir zugefallenes Gütchen in einen anderen Zustand zu bringen, stürzte ich mich theoretisch und praktisch in Feldbau, Milchwirtschaft und Schweinezucht […]. Mit kaum 24 Jahren hatte ich mir schwere Aufgaben zugemuthet." Die Medizinhistorikerin ergänzt: „Mit Sicherheit hat die Erlangung des landwirtschaftlichen Gutes erst einmal die finanzielle Situation verbessert."

Aber auch dort kann Anna nicht lange bleiben, sie folgt ihrem Ehemann auf seinen weiteren Stationen. „Später war ich in Vertretung meines Mannes mehrere Winter durch, Musikberichterstatterin einer deutschen Zeitung in Baden", berichtet Anna über die nächsten Jahre. Vermutlich korrespondiert diese Tätigkeit mit der Anstellung ihres Gatten als Redakteur beim *Heidelberger Tagblatt*. Von 1883 bis 1884 lebt die Familie in Heidelberg.

Die beiden wagen gemeinsam einen großen Schritt und geben ab 1885 das Magazin *Volkswohl – Wochenschrift für bildende und heitere Unterhaltung, Gesundheitspflege und soziale Fragen* heraus.

> *„Mit Sicherheit hat die Erlangung des landwirtschaftlichen Gutes erst einmal die finanzielle Situation verbessert."*

Damit einher geht auch ein Umzug nach Frankfurt. Anna genießt ihr Leben in der Metropole und startet mit großer Zuversicht und vielen Ideen in diesen Lebensabschnitt. Sie ist gesellschaftlich sehr aktiv und kann dank ihrer Position als Herausgeberin einer Zeitschrift viele bedeutende Persönlichkeiten kennenlernen. So auch Hope Bridges Adams Lehmann (1855-1916), die erste Frau, die in Deutschland ein Medizinstudium mit Staatsexamen abschließt und gemeinsam mit ihrem Ehemann Otto Walther (1855-1919) seit 1882 eine Praxis in Frankfurt führt.

„Dieses Treffen hat weitreichende Folgen für Annas weiteren Lebensweg. Hope ermöglicht ihr eine Mitgliedschaft bei dem *Freien Deutschen Hochstift für Wissenschaft, Kunst und höhere Bildung*", erzählt die Historikerin. Nebenbei ist sie auch als Vorstandsmitglied des Frankfurter Turnvereins in der Frauen-Reformbewegung tätig. Und wieder wird sie Mutter: Am 24. Juni 1886 erblickt Harold das Licht der Welt. So hoffnungsvoll die Zeit in Frankfurt begonnen hat, so bitter ist der Abschied. „Es war schön gedacht und gewollt – es musste ja gelingen! Zwar gab es fast noch keine ähnlichen Unternehmungen [...] und was war daher das Ende der Geschichte? – dass ich nach empfindlichem Kapitalverlust und 5/4 jähriger schwerer Arbeit die schöne Idee und ihre Verwirklichung begraben musste", schreibt Anna über die Einstellung ihres Magazins. Mit dem Ende des *Volkswohl* ist auch ein weiterer Umzug verbunden, dieses Mal verschlägt es die fünfköpfige Familie nach Offenbach.

Allerdings lässt Anna sich nicht von dem Misserfolg einschüchtern. Auch weiterhin arbeitet sie an dem Themenbereich der gesellschaftlichen und medizinischen Reformen. „Dann gab ich einige kleine Broschüren über *Die Reform der weiblichen Kleidung, die moderne Küche* u.a.m. heraus, hielt über dieselben Themata öffentliche Vorträge in deutschen Städten", berichtet sie in ihrer Autobiografie. Ihre Publikationen und ihre Vorträge finden regen Zuspruch.

Anna beschäftigt sich immer intensiver mit medizinischen und ernährungswissenschaftlichen Themen – und dabei keimt eine neue Idee in ihr: „In dieser Zeit trat der Gedanke an das medizinische Studium zum ersten Male klar vor meine Seele, und ich fragte mich eines Tages selbst mit einem gewissen Erstaunen, warum ich noch nicht voll und ganz *Arzt* sei?" Denn der jungen Frau war die Medizin gewissermaßen in die Wiege gelegt worden, sie selbst äußert sich darüber: „Mein mütterlicher Großvater stammt aus Ungarn, mein väterlicher aus Baiern, beide waren Ärzte. Ein grosser Theil meiner männlichen Verwandten gehörte gleichfalls dem ärztlichen Stande an […]." Dass ihre Zukunftswünsche auch fest mit der Vergangenheit verbunden sind, erläutert sie ebenfalls: „Meine vielseitige Entfaltung verdanke ich meinem feinsinnigen und gütigen Vater […]. Für die Wasserkur begeisterte ich mich schon als Fünfzehnjährige, daneben curierte ich Haustiere, und als ich 16 Jahre zählte, erschien mein erster hygienischer Artikel gegen das Corset […]."
Auch für die positiven körperlichen Auswirkungen einer gesunden Lebensweise und einer entsprechenden Ernährung sucht Anna nach einer fundierten wissenschaftlichen Basis, da sie selbst überzeugt ist, „gewisse Grundlagen zum Vegetarismus zu legen […]. Warum sollte bloß der Mensch Fleischnahrung nicht entbehren können, um seinen Körperbestand zu erhalten […]." Ihre Theorie beruht unter anderem auch auf eigener Erfahrung: „Seit meiner Kindheit war ich immer etwas kränklich gewesen und litt damals sehr an heftigen Migräne-Anfällen. Ich liebte Fleisch, Bier, Wein und Kaffee – ohne jeden Uebergang entsagte ich Allem und siehe da! Nach 14 Tagen merkte ich, dass

die Anfälle immer seltener wurden." Ergänzend schreibt sie: „[U]nd nach sechs Wochen schien ich von dem qualvollen Zustand befreit."

Dass aber das Heil nicht nur in der vegetarischen Ernährung liegt, ist ihr sehr bewusst, weshalb ihr auch das Konzept der Naturheilkunde als wirksame Ergänzung, ja, sogar als Voraussetzung erscheint: „Ich kam zu der Erkenntnis, dass viele an Leib und Seele kranke Menschen Vegetarianer sind und dass viele kleine Menschen in ihren Reihen stehen. […] Je mehr ich die Differenz zwischen den vegetarischen Ideal-Menschen und dem armseligen Wirklichkeitsvegetarier begriff, desto mehr wurde ich von der Naturheilmethode erfasst […]. Sie schien mir die Brücke, die zum Vegetarismus überleitet, als die Grundmauer, die zuerst gelegt werden muss, damit das Gebäude auch feststehe."
Sie empfindet den Vegetarismus als „schwache aber ausgeprägte Gegenströmung zu unserem modernen Genussleben, der physischen und psychischen Verkommenheit (Bierdusel und Tierschinderei)".
Der Gedanke, wirklich das Medizinstudium anzugehen, trifft sie indes aus heiterem Himmel: „[U]nd als mir nach einem meiner Vorträge in einer grossen deutschen Stadt die Frage gestellt wurde: ‚Sie sind doch Naturärztin?' – da schlug das Wort mächtig in mich ein."
Dass sich ihr dieser Gedanke nicht vorher aufgedrängt hatte, liegt für Anna auf der Hand: „Und wenn ich nicht schon früher aus innerem Drange nach dem medizinischen Studium griff, so war es, weil ich langer Reife bedurfte, ferner weil meine Kinder erst ein gewisses Alter erreichen mussten."

Marina Lienert beschreibt die Ausgangssituation: „Nun will sie also Ärztin werden – und macht sich keine Illusionen." Anna ist sich vollkommen im Klaren, dass das Studium kein Zuckerschlecken wird, mehr noch, sie hält ihren Weg auch nicht ohne Weiteres für jede Frau geeignet. „Ja, ich möchte auch keiner zweiten ansonsten raten, in meinen Verhältnissen, mit Familie und Haushalt ein so schwieriges Unternehmen zu wagen, wenn sie nicht von einer bestimmten Aufgabe geleitet wird und über grosse Willenskraft verfügt." Doch in Deutschland ist ihr der Weg an die Uni verwehrt, das Frauenstudium ist verboten. Zwar können Frauen als Gasthörerinnen eingeschrieben werden, doch als ordentliche Studentinnen werden sie nicht anerkannt.

„Also beginnt sie, da sie der Gedanke nicht mehr loslässt, in Deutschland bereits die Voraussetzungen für ein Studium in der Schweiz zu schaffen", erläutert Marina Lienert. „Mit Hilfe meines Mannes gelang es mir endlich, alles zu regeln und zu ebnen", schreibt Anna über die Umbruchphase. Anna erweitert ihre Kenntnisse in Latein und Mathematik – und dann zieht sie um:

Infolge des Studienorts in der Schweiz muss sich das Ehepaar erst einmal räumlich trennen. Über die Vorbereitungen und den eigentlichen Umzug hält sie fest: „Im Herbst 1889 reiste ich nach Zürich, um mich an Ort und Stelle von der Möglichkeit meines Vorhabens zu überzeugen und ließ schon im Frühjahr 1890 Familie und Haushalt nachkommen, da ich die Erziehung meiner Kinder niemals aus der Hand gab."

Marina Lienert schildert die Organisation der häuslichen Pflichten: „Laut Überlieferungen von Familie Fischer hat Anna aufgrund ihrer Doppelbelastung die Kinder zur Mitarbeit im Haushalt angehalten." Anna kämpft aber nicht nur mit dem Studium und der Organisation desselben, sondern auch mit der Haltung ihrer Familie, insbesondere ihrer Eltern, die Vorbehalte hegen. Doch nicht nur die Familie ist gegen ihr Bestreben: „Als mein Vorhaben bekannt wurde, da schüttelte mancher den Kopf – es fiel den meisten so schwer, den inneren Zusammenhang der Dinge zu finden! Es erschienen sogar Artikel in Fachblättern gegen mich, in welchen man mir direkt das Unsinnige meines Entschlusses vorhielt."

In der Loschwitzer Villa Artushof war Anna Fischer-Dückelmanns Arztpraxis eingerichtet.

Bis Ende März 1892 wird Anna als Studentin in Zürich geführt und ab diesem Zeitpunkt als Partikularin. Einer ihrer Professoren ist der Psychiater und Sozialreformer Auguste-Henri Forel (1848-1931),

dem sie bescheinigt, dass er „in der Abstinenzbewegung Grosses geleistet" habe. Marina Lienert erklärt: „Da sie selbst eine absolute Gegnerin des Alkoholkonsums ist, liegt es nahe, dass sie von seiner Arbeit begeistert ist", und ergänzt: „Sie wurde auch Mitglied im Guttempler-Orden und im Alkoholgegnerbund in der Schweiz."
Der große Tag – das Ende des Studiums und das Ende der universitären Ausbildung zur Ärztin – rückt immer näher, und trotz der widrigen Umstände kann Anna am 11. Dezember 1895 endlich ihr Zeugnis in Händen halten: „Kampfesreiche Jahre habe ich durchlebt […] und die Aufgabe war groß und schwer, aber ich liess nicht los und so kam ich doch endlich glücklich ans Ziel", schreibt sie begeistert in ihr Tagebuch. Auch ihr Resümee: „Und nach sechseinhalb schweren Jahren, während welcher ich einen großen Theil meines Vermögens zugesetzt, Kränklichkeit und Familiensorgen zu überwinden hatte, bestand ich auf Grund meiner Dissertation über das Puerperalfieber das Doktorexamen", unterstreicht den langen, harten Weg, den die dreifache Mutter für die Erlangung des Doktortitels gehen musste. „Puerperalfieber oder Kindbettfieber war leider eine häufige Todesursache junger Frauen", erklärt Marina Lienert.

Und nun kommt endlich Dresden ins Spiel: Wieder einmal heißt es für Anna, den gesamten Hausrat einzupacken und einen Umzug zu stemmen. Über die erste Zeit in Dresden schreibt sie: „Nach bestandenem Examen bildete ich mich in Deutschland in der Massage aus und verwertete meine im Laufe der Jahre gewonnenen Kenntnisse auf dem Gebiet der Hydrotherapie und Diätetik als Assistenzarzt an einer großen Privat-Heilanstalt Deutschlands." Sie hat großes Glück, eine Assistenzarztstelle zu bekommen, da es für im Ausland approbierte Ärzte schwierig ist, eine geeignete Anstellung zu finden. Der Schweizer Abschluss wird in Deutschland nicht anerkannt und hat aufgrund der gesetzlich festgelegten Kurierfreiheit einen ähnlichen Status wie die Kurpfuscher. „Kurierfreiheit bedeutet, dass jedermann das Recht hat, Kranke zu behandeln", erklärt die Medizinhistorikerin, „das Gesetz galt in Deutschland von 1869 bis 1939." Abgelöst wurde es vom Heilpraktikergesetz, das die berufsmäßige Ausübung der Heilkunde, neben dem Arzt, nur zugelassenen Heilpraktikern gestattet. Trotz dieser Schwierigkeiten ist Anna in Dresden genau richtig: „Sachsen und insbesondere Dresden sind ein Zentrum der deutschen Naturheilkunde", erklärt Marina Lienert und fährt fort: „Sachsen entwickelt sich zu einem wichtigen Industriestandort und somit auch zu einer Hochburg der Sozialdemokratie. Dass sich hier auch die Ideen der Naturheilkunde verfangen, ist leicht nachvollziehbar." Doch zurück zu Anna Fischer-Dückelmanns erster Anstellung bei Friedrich Eduard Bilz (1842-1922): Die Bilz'sche Naturheilanstalt ist nicht unumstritten und wird von schulmedizinischer Seite heftig kritisiert: „Die Bilz'sche Anstalt trägt alle Zeichen einer schlechten und unzuverlässigen Leitung! Es ist eine Gewissenslosigkeit ohnegleichen, Leute mit ansteckenden Krankheiten [...] aufzunehmen. Schwere Bedenken bestehen auch in sittenpolizeilicher Hinsicht. In dem Anstaltsgarten befinden sich [...] sogenannte ‚Lufthäuschen', die dauernd von Kranken bewohnt würden, [...] und daß ein ziemlich freier Verkehr zwischen den Kranken beiderlei Geschlechts stattfinde."

Anna wagt nach einigen Monaten in dieser umstrittenen Einrichtung den nächsten großen Schritt: Im Oktober 1896 eröffnet sie ihre eigene Praxis in Dresden, Rietschelstraße 17, und führt sie bis 1902. Sie firmiert aber nicht als Naturärztin, sondern als Hydropathin. „Darunter versteht man jemanden, der Heilbehandlungen mithilfe von Wasser durchführt. Mögliche Methoden sind Bäder, Waschungen, Güsse oder auch Dampf", erläutert die Historikerin. Neben der Arbeit in ihrer Praxis ist Anna dem eigenen Vernehmen nach auch „als Mitarbeiterin ärztlicher Blätter thätig und halte zur Förderung meines der hygienischen Bildung noch sehr bedürftigen Geschlechtes öffentliche Vorträge über Gesundheitspflege und Frauenheilkunde". Marina Lienert fügt hinzu, sie habe auch „Vorträge im Verein für Gesundheitspflege und arzneilose Heilweise im ersten Naturheilverein zu Dresden gehalten".

Im Jahr 1898 erscheint ihr erstes geburtshilfliches Werk *Die Geburtshilfe vom physiatrischen Standpunkt für Ärzte und Gebildete aller Stände*, zwei Jahre später ihre erste Monografie *Das Geschlechtsleben des Weibes*. Einen wahren Bestseller bringt sie 1901 heraus: *Die Frau als Hausärztin*. „In diesem Werk stellt sie ihre Auffassungen zu diversen Themen der Naturheilkunde dar", beschreibt die Dresdnerin den Inhalt des Verkaufsschlagers.

Nach einer Zwischenstation zieht Anna mit ihrer Praxis 1906 auf den sogenannten Artushof. Hier sind die Platzverhältnisse so üppig, dass sie sich komfortabel einrichten kann und auch genügend Raum für ihre naturheilkundlichen Behandlungen vorhanden ist. „Sehr wahrscheinlich ist auch, dass sie dort eine Art medizinische Fremdenpension geführt hat", ergänzt Marina Lienert. Nebenbei veröffentlicht Anna weitere Schriften, und auch ihre Vortragstätigkeit stellt sie nicht ein. Insbesondere bei Frauen ist sie sehr beliebt.

Doch mit der Zeit wird die allseits aktive Ärztin müde, ihr Körper braucht längere Erholungsphasen, sodass sie beginnt, zwischen Dresden und Ascona zu pendeln: In Italien kann sie zur Ruhe kommen und sich vom Praxisalltag erholen. Am 19. Oktober 1917 begibt sie sich auf ihre letzte Reise an den Lago Maggiore. Nur wenige Tage später, am 5. November, schläft sie sanft für immer ein.

Damit hat Dresden seine erste Ärztin mit eigener Praxis und eine Vorkämpferin der Naturheilkunde verloren. Doch ein gewisser Trost dürfte für die Dresdnerinnen die Lektüre ihres Werks *Die Frau als Hausärztin* gewesen sein. Die Medizinhistorikerin Marina Lienert hebt die Bedeutung dieser wohl wichtigsten Publikation von Anna Dückelmann hervor: „Es wurde millionenfach verkauft und galt auch als Pionierwerk der sexuellen Aufklärung."

Melanie Kunze

Lebensreform:

Unter dem Begriff „Lebensreform" werden verschiedene Reformbewegungen gefasst, die seit Mitte des 19. Jahrhunderts von Deutschland und der Schweiz ausgingen. Kern der Reformen waren der kritische Umgang mit der Industrialisierung und dem Materialismus sowie das Streben nach dem Naturzustand.

Die „Bilderbuchtante"
Liebevolles für kleine Hände

*E*s ist ein grauer Novembertag im Jahr 1904, als Gertrud Caspari mit einem Bekannten durch den Großen Garten in Dresden spaziert, und so neblig, dass die Umrisse der Bäume fast nicht zu erkennen sind. Plötzlich laufen vor den beiden Erwachsenen einige spielende Kinder, deren bunte Kleidung in der trüben Umgebung leuchtet „wie farbige Schattenrisse", über die Allee, erinnert sich die berühmte Kinderbuchillustratorin 1947 in ihrem *Lebensbericht*. Dieses Erlebnis soll sich tief in ihr Gedächtnis einbrennen, denn es bedeutet die Geburtsstunde des Caspari-Stils. „In diesem Augenblick kam ihr die Idee, wie sie ihre zukünftigen Werke gestalten wollte", erzählt Folke Stimmel über ihre Großtante.

Ihre eigenen Erinnerungen an Gertrud Caspari reichen weit zurück, sie war noch ein kleines Kind, nicht einmal ein Jahr alt, als sie Ende 1941 mit ihrer Mutter zu deren Tante zog. „Meine Mutter hatte sich von meinem Vater getrennt und suchte eine neue Bleibe", berichtet Folke Stimmel. Gertrud Caspari, selbst unverheiratet und kinderlos, habe zunächst Bedenken gehabt, ihre Nichte und deren Tochter bei sich aufzunehmen. „Sie schrieb an eine Verwandte: ‚Die Traudel will mit der kleinen Folke zu mir kommen, aber wie soll denn das gehen, ich bin doch schon fast 70, und ich hatte ja nie Kinder. Und die Unruhe, ich arbeite doch immer. Aber naja, gut, ich will mich darauf einlassen.'" Vier Wochen nachdem Folke Stimmel mit ihrer Mutter eingezogen war, hatte Gertrud Caspari alle Zweifel in den Wind geschlagen: „‚Ach, ist das schön! Endlich ein Kind bei mir! Das Hausmädchen, das neben mir ruhig näht, das stört mich viel mehr als das Kind'", berichtet die pensionierte Bibliothekarin aus einem weiteren Schreiben

Folke Stimmel, auf dem Foto ein Jahr alt, sitzt bei ihrer Großtante Gertrud Caspari auf dem Schoß und schaut mit ihr ein Bilderbuch an.

ihrer Großtante. Wie viele andere Kinder wuchs Folke Stimmel hautnah mit den Werken Gertrud Casparis auf. „Ich habe die Bücherluft sozusagen eingeatmet", erzählt sie und schmunzelt: „Ich konnte noch nicht einmal lesen, aber alle Verse auswendig."

Gertrud Caspari selbst wohnt bereits seit 1914 zusammen mit ihrer Mutter und ihrer ebenfalls unverheirateten Schwester in der Königsbrücker Landstraße 3. „Das Haus sah damals natürlich ganz anders aus als heute", sagt Folke Stimmel. Während ihre Schwester den Haushalt führt, sorgt Gertrud als Ernährerin für den Unterhalt der drei Frauen. Das erweist sich als gar nicht so einfach, denn 1888, im Alter von 25 Jahren, ist sie an Morbus Basedow erkrankt, einer Autoimmunerkrankung der Schilddrüse, die sie für lange Zeit ans Bett fesselt.

Folke Stimmel vor der nach Gertrud Caspari benannten Grundschule.

Dieses Leiden hindert sie auch daran, ihren Beruf als Zeichenlehrerin auszuüben.

Schon früh weckt der Kaufmann Robert Caspari bei seinen Kindern das Interesse für Kunst. So auch bei der kleinen Gertrud, die am 22. März 1873 in Chemnitz zur Welt kommt. „Wir fünf Kinder wurden von meinem Vater, der sehr viel Kunstsinn besaß, immer zum Zeichnen und Malen angehalten. Wenn wir mal ruhig sein sollten, drückte man uns Papier und Bleistift in die Hand", schildert Gertrud Caspari in ihrem *Lebensbericht*.

Dass seine Tochter Zeichenlehrerin wird, erlebt Robert Caspari nicht mehr, er stirbt bereits 1888. Nun auf sich gestellt, zieht Mutter Anna Sophie 1894 mit den Kindern nach Dresden und betreibt dort eine kleine Pension. Zunächst arbeitet Gertrud als Erzieherin auf einem Rittergut, sie weiß bereits, dass sie etwas aus ihrem künstlerischen Talent machen will, aber das Studium an der Kunstakademie steht Frauen damals noch nicht offen. Ohnehin räumt sie ein: „Der Gedanke, Malerin und Künstlerin zu werden, wäre mir zu unerhört und verwegen vorgekommen. Wir hatten viel zu großen Respekt vor der Kunst." So besucht Gertrud drei Jahre lang eine Zeichenschule, von der sie allerdings keine allzu hohe Meinung hat. Der Unterricht erscheint ihr altmodisch und eingefahren, sie wünscht sich, lebendige Modelle zeichnen zu dürfen. „Wenn die Schule gipserne Blumen besessen hätte – ich bin sicher, wir hätten auch Blumen nach Gips zeichnen müssen." Die junge Frau bricht mit dem Regelwerk ihrer Lehrer und geht ihren eigenen Weg: „Ich machte einfach nicht mehr mit bei diesen Beschränkungen. Ich entwarf Muster nach meinem Sinn und Geschmack."

1898 legt Gertrud zwar ihr Examen als Zeichenlehrerin ab, fühlt sich aber immer noch ungenügend ausgebildet. In Kursen und Ateliers erweitert sie ihre Fähigkeiten. „Mein Ziel war, mich der dekorativen Seite der Kunst zuzuwenden, Tapeten, Glasfenster und dergleichen zu entwerfen, da eine lebhafte Farbenfreudigkeit in mir war."

Auch wenn sie aus gesundheitlichen Gründen der pädagogischen Tätigkeit nicht nachgehen kann – die Freude am Zeichnen raubt ihr die Krankheit nicht. Von einem Erholungsbesuch im Erzgebirge bringt Gertrud Kinderspielzeug für ihre Neffen und Nichten mit. Beim Anblick des „bunten, drolligen Krimskrams" kommt ihr aus heiterem Himmel die Idee zu einem Bilderbuch. Ihr Bruder Walter (1867-1913), selbst Maler und Illustrator, unterstützt sie tatkräftig, doch obwohl seine Schwester nicht müde wird, Verlag um Verlag zu kontaktieren, mag zunächst keiner anbeißen. Aufgeben kommt für Gertrud nicht infrage, und ihr eiserner Wille macht sich bezahlt: 1903 erscheint ihr erstes Werk, *Das lebende Spielzeug* wird ein wahrer Bestseller und begründet den Beginn ihrer Karriere als Bilderbuchillustratorin.

Obwohl die Honorare miserabel sind, nimmt Gertrud Aufträge für weitere Bücher an, denn sie will an ihrer Arbeit wachsen und besser werden. Doch aufgrund ihrer Krankheit kann sie nur in Etappen arbeiten, zwischendurch muss sie sich immer wieder ausruhen. Aber Gertrud stellt sich diesen Schwierigkeiten zäh und entschlossen: „Eine tiefe Arbeitsfreudigkeit ergriff mich und half mir immer wieder, den Kampf zwischen Wollen und Nichtkönnen siegreich bestehen." So auch 1904. Nachdem ihr an besagtem Herbsttag in Dresden der entscheidende Einfall für die Darstellung ihrer Kinderfiguren gekommen ist, schreitet sie sogleich zur Tat und verwirklicht ihre Idee: „Zu Hause schnitt ich aus Stoffstücken das, was ich gesehen: die farbigen Kinder. Ich applizierte sie auf blaugraues Tuch und umrandete sie mit schwarzer Schnur. So entstanden 8 Friese aus Stoff." Diese schickt sie nach Leipzig, wo sie auf der Kunstgewerbe-Ausstellung im Grassi-Museum ausgestellt werden und großen Anklang finden. Es folgen weitere Aufträge für Kinderbücher, die Gertrud zusammen mit ihrem Bruder realisiert.

Als Vorlage für ihre Illustrationen dienen ihr häufig ihre Nichten und Neffen, später dann deren Kinder. „Auch ich musste meiner Großtante, zu der ich übrigens *Omi* sagte, Modell stehen", verrät Folke Stimmel. „Es gibt zum Beispiel ein Bild, da bläst der Wind, dargestellt als eine Wolke, und ein Kind steht unter einem Apfelbaum, hält sein Schürzchen auf und wartet, dass der Apfel dort hineinfällt. So musste ich dann auch dastehen", beschreibt sie und fügt hinzu: „Das war für ein kleines Kind schwierig, so lange stillzuhalten."

Im Sommer 1913 trifft Gertrud ein schwerer Schicksalsschlag: Ihr Bruder Walter stirbt kurz vor seinem 44. Geburtstag. Der Verlust ist für sie nicht leicht zu bewältigen. „Und wie lange hat mir sein Rat, seine offene Kritik gefehlt", beklagt sie seinen frühen Tod. Die folgenden Jahre werden für Gertrud trotz ihrer gesundheitlichen Beschwerden eine überaus produktive Zeit. Der von ihr begründete Stil, den die Kunstwissenschaft im Nachhinein als „Kleinkind-" oder „Caspari-Stil" bezeichnet, findet zahlreiche Nachahmer. „Er zeichnet sich dadurch aus, dass das kleine Kind so dargestellt wird, wie es sich selbst sieht", führt Folke Stimmel aus. Dies spiegele sich auch in den Größenverhältnissen zu Gegenständen oder Tieren. „Weitere Kennzeichen sind die flächige Farbgebung, keine Schraffierung, kein Schatten sowie ein neutraler Hintergrund. Die Farben sind außerdem ganz klar abgesetzt und schwarz umrandet", benennt sie einige wesentliche Merkmale. Auch das Format sowie das Material sind darauf ausgelegt, dass kleine Kinderhände die Bücher gut greifen können. Neben den Büchern für Kleinkinder illustriert Gertrud unter anderem Märchen, Geschichten, Schulbücher sowie Kalender und gestaltet Spiele, Postkarten und Porzellanfiguren. Allein die Anzahl ihrer gedruckten Bücher wird auf 8 Millionen geschätzt.

In dem Haus, das sie 1914 mit Mutter und Schwester bezieht, wohnt Gertrud bis zum Ende des Zweiten Weltkriegs. Während der NS-Zeit führt sie Aufträge für das Reichspropagandaamt aus und illustriert pädagogische Bücher. Dies wird man ihr später zum Vorwurf machen. „Zu DDR-Zeiten war es nicht einfach, das Andenken an Gertrud Caspari hochzuhalten, denn sie galt als bürgerlich und gehörte nicht zur proletarischen Schicht", erläutert Folke Stimmel. „Zudem wurde sie beschuldigt, sich dem Nationalsozialismus angedient zu haben. Dazu muss man sagen: Sie war nicht in der NSDAP, aber sie hat eben auch an den Führer geglaubt, völlig vertrauensselig und naiv." An die Zeit während des Kriegs kann sich Casparis Großnichte noch gut erinnern. „Meine Großtante ist oft mit mir in den nahegelegenen großen Wald, die Dresdner Heide, gegangen", erzählt sie. „Da fährt auch die Eisenbahn entlang und wir sind häufig dort hin, haben auf die Züge gewartet und gewinkt. Und einmal hat mir ein Soldat eine Tafel Schokolade aus dem Zug zugeworfen, das war für die damalige Notzeit schon etwas ganz Besonderes."

Bereits 1943 geht ein Großteil ihres Schaffens verloren: Ein Bombenangriff auf Leipzig macht auch das Gebäude ihres Verlags dem Erdboden gleich und zerstört die meisten der Caspari-Originale und Druckplatten. Um sich vor den schweren Luftangriffen zu schützen, geht Gertrud im April 1945 nach Lößnitz ins Erzgebirge. Eigentlich hat sie vor, zurückzukehren, doch im Mai steht sie vor dem

1944 entstand das Bild „Vom schlafenden Apfel", für das Folke Stimmel als Kind Modell stand.

Nichts. Gertrud Caspari verliert nicht nur ihre Wohnung in Klotzsche, sondern damit einhergehend auch die Früchte ihrer Arbeit: „All das frohe Schaffen wurde vom Krieg mitten durchgeschnitten. Ich wurde durch die Russen vollständig ausgeraubt, verlor Heim und Möbel, Arbeitsmaterial, Studien und Bücher, alle lieben Erinnerungen. Es ist Hunderttausenden so gegangen. Aber daß alle meine von mir entworfenen Porzellankinder von unseren ‚Befreiern' auf dem Kellerboden zertrümmert wurden, daß meine Manuskripte, Skizzen usw. in einer Kellerecke zusammengehäuft, Bücher, Skizzen und Bilder unter Waldbäumen dem Regen, den Käfern und Würmern zu Vernichtung überlassen wurden – das war brutal."

Im Erzgebirge führt Gertrud ein ärmliches Leben, so ärmlich, dass sie wegen eines Hungerödems – einer Wasseransammlung im Gewebe aufgrund von Mangelernährung – ins Krankenhaus muss. Nichtsdestotrotz hört sie nicht auf zu zeichnen und Pläne für neue Bücher zu schmieden, nur die Knappheit an Papier hindert sie daran, diese Vorhaben sogleich in die Tat umzusetzen. Nach einem Sturz zieht sie zurück nach Klotzsche. Durch die Folgen einer Mittelohroperation stirbt sie am 7. Juni 1948 in einem Dresdner Krankenhaus.

Ihr Leben lang blieb Gertrud Caspari unverheiratet. Noch zu ihrem 70. Geburtstag sei sie mit „Fräulein Caspari" angesprochen worden, so Folke Stimmel. „Natürlich hatte sie Eigenheiten – wie sie alleinstehende Frauen eben zuweilen entwickeln. Sie ist zum Beispiel nicht in die Oper gegangen, das hat sie abgelehnt. Sie fand es unnatürlich, dass Leute singen, wenn sie miteinander kommunizieren." Und obwohl es Kinder waren, die sie bei ihrer Arbeit inspirierten und denen sie ihre Werke widmete, hatte Gertrud Caspari nie eigene. „Aber dadurch konnte sie auch niemand von ihrer Arbeit abhalten", folgert ihre Großnichte, „und mit dieser hat sie immerhin Tausende von Kindern in der ganzen Welt erfreut."

Elena de F. Oliveira

Erinnerungsorte:

An Gertrud Caspari erinnern mehrere Orte: die Gedenktafel an ihrem ehemaligen Wohnhaus in der Königsbrücker Landstraße 3, die nach ihr benannte Grundschule und ihr Grab auf dem Neuen Friedhof in Dresden-Klotzsche.

Maria Reiche beim Vermessen der bedeutenden Linien in Nasca.

Maria Reiche (1903-1998)

Luftschloss
Ein Leben für die Linien

Wie eine einfache Hütte, ohne Strom und fließend Wasser, zur Erfüllung aller Wunschträume wurde: In der Zittauer Straße 22 erblickt am 15. Mai 1903 ein ganz besonderes Mädchen das Licht der Welt – Maria Reiche. Die Älteste von drei Geschwistern zeigt schon früh ihr Interesse an Naturwissenschaften. Der Garten des Hauses ist willkommenes Studienobjekt und gibt der Kleinen Anlass zu vielerlei Beobachtungen. Und Maria träumt. 13-jährig schreibt sie: „Jeder hat sein ganz eigenes Luftschloß. Ich träume mich z. B. in die Zeit hinein, zu der ich erwachsen werde […], da denke ich mich als Gehilfin irgendeines großen Forschers, die ihn auf allen seinen Reisen begleitet und ihm durch dick und dünn nach den Ländern des ewigen Eises und dem glutvollen

Inneren Afrikas oder Asiens folgt und Frost, Hitze und Anstrengung gern erträgt. […] Wenn dann mein Führer stirbt, werde ich vielleicht seine Nachfolgerin, eine berühmte Forschungsreisende […]."

Christine Richter, die sich viel mit Maria Reiche beschäftigt hat kommentiert: „Dass dieser Traum tatsächlich Wirklichkeit werden würde, hätte sie selbst damals wohl nicht für möglich gehalten." Sie weiß auch, dass Maria Reiche nicht nur eine Träumerin war, sondern auch hart dafür arbeitete, dass ebenjene Träume Realität wurden: „1922 schrieb sie sich an der Technischen Hochschule Dresden ein", erzählt Christiane Richter die Geschichte weiter. Dabei ist Marias Weg alles andere als einfach und gerade: 1928 schließt sie zwar die höhere Lehramtsprüfung in den Fächern Mathematik, Physik, Philosophie, Pädagogik und Geografie ab, doch auf eine Festanstellung hofft die junge Lehrerin vergeblich, sie hangelt sich von einer Aushilfsanstellung zur nächsten. Und die Zeiten sind hart: Die Weltwirtschaftskrise hat alle im Griff, der erstarkende Nationalsozialismus wirft seine Schatten voraus.

Wie einst Maria Reiche, nimmt auch Christiane Richter gerne im Rosengarten am Carusufer Platz.

Ihre Erleichterung muss daher groß gewesen sein, als sie sich gegen 80 Mitbewerberinnen durchsetzen und beim deutschen Konsul Tabel in Peru als Hauslehrerin in Stellung gehen kann. Im Dezember 1931 packt sie ihre Koffer und tritt, gespannt auf das, was ihr bevorsteht, eine lange Schiffsreise an, um dann ins peruanische Cusco weiterzureisen.

Nach zwei Monaten, im Februar 1932, kommt sie in Cusco, der einstigen Hauptstadt des Inkareiches, an. „Sie ist fasziniert von der Landschaft und der Kultur und insbesondere von den Menschen", berichtet Christiane Richter von den ersten Eindrücken der jungen Frau. In einem Brief an ihre Mutter schreibt Maria Reiche 1933: „Die Hiesigen sind für mich natürlich besonders sympathisch. Aller Reichtum, Kultur, Vornehmheit nur geistig und innerlich. Viel besser als andersherum, äußeres Behagen, Kultur, Geschmack aber keine inneren Qualitäten." Sie unterrichtet Erhard und Hildita, die beiden Kinder des Konsuls, in ihrer Freizeit lernt sie die Landessprache Spanisch und beschäftigt sich intensiv mit der Geschichte und Kultur Perus. Sie besucht Machu Picchu und andere Inkaruinen im Heiligen Tal der Inka und schwärmt besonders von den Bergen und der Natur allgemein. Nach und nach entwickelt sich bei ihr ein immer stärkeres Interesse an den prähispanischen Kulturen.

Doch dann wendet sich das Blatt: Wegen Unstimmigkeiten wird ihr Vertrag mit Konsul Tabel vorzeitig beendet. „Warum genau, lässt sich leider nicht sagen", bedauert Christiane Richter. Mit dem Verlust der Anstellung ist die Auflage verbunden, das Land so schnell wie möglich zu verlassen. Zwar läuft das Visum noch bis 1936, aber Konsul Tabel zahlt die Rückreise nur, wenn sie umgehend abreist. Doch – Glück im Unglück – auf der Schifffahrt Richtung Callao, der großen Hafenstadt bei Lima, lernt Maria die Peruanerin Rosita Garcia und deren Vater, den Rechtsanwalt Dr. Garcia, kennen. Da Marias Ticket ein Jahr gültig ist, schiebt sie ihre Rückreise zunächst auf und bleibt erst einmal in der Hauptstadt Lima. Dennoch muss sie hart ums Überleben kämpfen: Maria hangelt sich von Gelegenheitsjob zu Gelegenheitsjob, gibt Englisch- und Deutschstunden, bietet Gymnastikunterricht und Massagen an. Nach einer gewissen Zeit übersetzt sie auch wissenschaftliche Texte.

1936 läuft ihr Visum aus: Sie muss Peru verlassen. „Nun kehrt die junge Frau nach Deutschland zurück und hält Vorträge über ihren Aufenthalt in Südamerika", schildert die Ingenieurin. Allein: Marias Geist ist zu unruhig, länger als ein Jahr hält sie es nicht in der Heimat aus. Schon packt sie wieder die Koffer, um gemeinsam mit ihrer Freundin Rosita Garcia zurück nach Peru zu reisen. In Lima angekommen, eröffnet sie mit Rosita eine Sprachenschule. 1938 erhält sie eine Anstellung im Archäologischen Museum, wo sie Leichentücher von Mumien präpariert.

1939 kommt es zu einer schicksalhaften Begegnung: „Maria Reiche lernt den amerikanischen Professor Dr. Paul Kosok kennen", erläutert Christiane Richter. Kosok, Historiker der Long Island Universität New York, weilt in Peru, da er die alten Bewässerungssysteme aus vorkolumbischer Zeit erforschen möchte. Maria übersetzt eine Vielzahl seiner englischsprachigen Artikel ins Spanische. „So entwickelt sich eine Freundschaft zwischen den beiden", resümiert die Mitarbeiterin der HTW Dresden. Kosok war bereits zuvor in Nasca gewesen und hatte dort die Beobachtung gemacht, dass eine der seltsamen schnurgeraden, linienförmigen Vertiefungen in der Wüste auf den Sonnenuntergang zur (Sommer- oder Winter-) Sonnenwende am 21. Dezember oder 22. Juni – hier gibt es unterschiedliche Aussagen bei Kosok und Reiche – hinwies. Ob er mit ihr gemeinsam in Nasca war, ist nicht zweifelsfrei nachweisbar, da alle Briefe aus dieser Zeit verlorengegangen sind. Dietrich Schulze schreibt in seiner Biografie, dass Maria Reiche alleine nach Nasca fuhr. Die Idee des astronomischen Kalenders hatte Kosok, als er das erste Mal auf eine Linie traf, die auf den Sonnenuntergang zur Sonnenwende hinwies. Maria Reiche sollte diese Theorie untermauern, er bat sie 1941, weitere Linien mit astronomischer Ausrichtung zu suchen.

„Maria ist vollkommen fasziniert und will unbedingt weiter an den Bodenzeichnungen in der Pampa forschen", schildert Christiane Richter die Begeisterung der jungen Frau. Doch bevor Maria endlich starten darf, vergehen fünf Jahre. Denn inzwischen ist der Zweite Weltkrieg ausgebrochen, und da sich Peru auf die Seite der Alliierten stellt, darf Maria Lima nicht verlassen: Deutschen ist das bis deutlich nach Ende des Zweiten Weltkriegs verboten. Somit heißt es, geduldig zu sein und zu warten.

1946 kann sie dann endlich loslegen mit ihrer Forschungsarbeit. Die beschwerliche Fahrt von Lima nach Nasca, immerhin 450 Kilometer auf Schotterstraßen und zwölf Stunden im Bus, kann den Forscherdrang genauso wenig stoppen wie die einfache Unterkunft in Nasca in einer primitiven Herberge. Auch die Arbeitsbedingungen vor Ort sind alles andere als komfortabel. „Ihr Arbeitstag beginnt mitten in der Nacht", berichtet Christiane Richter. „Auf den Ladeflächen von Lastwagen trampt sie noch vor Sonnenaufgang von der Stadt Nasca in die Wüste." Aber ihr Durchhaltevermögen zahlt sich aus, bereits in den ersten Tagen im Juni kann sie eine sensationelle Entdeckung zwischen den Linien machen: die stilisierte Zeichnung einer Spinne. „Nach und nach entdeckt sie immer mehr Figuren", schildert die Ingenieurin den Erfolg und fügt hinzu: „Diese sind nur schwer zu finden, der Wind hatte im Laufe der Jahrhunderte eine dünne Schicht von kleinen Steinen darüber geweht."

Je länger und weiter die Forscherin durch die Pampa wandert, desto klarer wird ihr, dass sie für die Vermessungen einen Theodolit benötigt. „Ein Theodolit ist ein Winkelmessinstrument, das in der Vermessungskunde Verwendung findet", erklärt die Ingenieurin. Doch auch dafür findet die pfiffige Wissenschaftlerin eine Lösung: Sie leiht sich das benötigte Messinstrument von einer Universität in Lima. Es soll noch viele Jahre dauern, bevor das peruanische Militär ihr ein besseres und modernes Gerät zur Verfügung stellt. „In den ersten Jahren entsteht eine reichhaltige Sammlung von Notizen, Berechnungen, Skizzen und Abbildungen der Bodenzeichnungen in der Pampa zwischen Nasca und Palpa", umreißt die Dresdnerin den Umfang der geleisteten Arbeit. 1949 fasst Maria Reiche ihre Ergebnisse in ihrer ersten Publikation *Mystery on the desert* zusammen, die später dreisprachig erscheinen wird.

So hartnäckig Maria ihre Forschungsarbeit auch vorantreibt, stellt sich ihr doch immer wieder ein Problem in den Weg: die Finanzierung. Anfänglich allerdings greift ihr Kosok noch unter die Arme. Im Gegenzug liefert sie ihm Pläne und Berechnungen für seine Publikationen in wissenschaftlichen Zeitungen. Ihr Mitstreiter empfiehlt ihr, sich um ein wissenschaftliches Stipendium in den USA zu bewerben. Maria folgt seinem Rat, nachdem sie sich in ihren Briefen darüber beschwert hat, dass er sie in seinen Artikeln nicht einmal erwähnt, obwohl sie die ganze Arbeit gemacht hat – und hat Erfolg: Zumindest eine kleine Unterstützung der Viking-Foundation wird ihr zugesagt. Aber: Das Stipendium deckt gerade mal die Unkosten für die Fahrten, Geräte, Schreibmaterial und die bescheidene Lebensführung.

Doch nicht nur die Kosten für die Fahrten werden der Forscherin zu viel, auch die Zeit, die sie auf der Strecke verliert, ist für sie nicht mehr hinnehmbar. Deshalb fasst sie den Entschluss, dauerhaft in der Region um Nasca zu bleiben. Ihre Suche nach einer geeigneten Unterkunft ist von Erfolg gekrönt: Im Tal des Rio Ingenio kann sie in San Pablo, direkt unterhalb der Hochebene der Pampa von Nasca, das ehemalige Wächterhäuschen einer Hazienda beziehen. Die Eigentümer erlassen ihr die Miete. Maria reinigt das heruntergekommene Häuschen von oben bis unten. Luxus ist ein Fremdwort, denn das neue Refugium verfügt weder über Strom noch Wasser und selbst eine Toilette ist nicht vorhanden. Abschrecken lässt sie sich auch davon nicht, gebadet wird im nahegelegenen Bach hinter dem Haus, als Toilette dient eine Hecke. „In dieser einfachen Behausung, in der die Lebensqualität auf ein Minimum reduziert ist, lebt Maria Reiche fast fünfzehn Jahre", sagt Christiane Richter. „Aber sie liebt die Einsamkeit, die herrlichen Sonnenaufgänge und die Arbeit in der Pampa."

1955 erlebt Maria Reiche ein absolutes Highlight: Die peruanische Luftwaffe, die die Wissenschaftlerin schon früh unterstützt, ermöglicht ihr einen Helikopterflug über die Pampa. Begeistert berichtet sie darüber in einem Brief an ihre Schwester: „Er hat stattgefunden. Ich meine den Helicopterflug. Mit einem Elefanten von Kamera, so gross und so schwer wie ein Eimer voll Wasser […]. Die Jungens im Servicio Aerofotografico sagen, ich wäre ein sehr guter Photograph. Natürlich für südamerikanische Begriffe. Hier ist es leicht sich auszuzeichnen […]. Nirgendwo hat man so phantastische Arbeitsbedingungen, wenn man nur mit der nötigen Geduld bewaffnet ist. […] Wo würde man einer älteren Dame (N. B.: ich bin keine Dame) erlauben, sich bewaffnet mit diesem Elefanten neben die Kabine auf den Querbalken des Helikopterschlittens zu setzen und so einfach in die freie Luft aufzusteigen? (Natürlich mit viel Tauen schön fest angebunden.) Südamerika mit aller Unordnung, Schmutz (die ich teile), Ungenauigkeit und Untüchtigkeit (die ich nicht teile) ist doch ein Märchenland reiner Phantasie." Aber Freud und Leid liegen dicht beieinander, so bedroht ein Bewässerungssystem in der Wüste von Nasca die Linien und Figuren. Doch Maria Reiche wehrt sich gegen die damit einhergehende unwiederbringliche Zerstörung und hat Erfolg: Das Projekt wird nicht umgesetzt.

Maria Reiche forscht und forscht und forscht. „Im Laufe der Zeit entdeckt sie über 60 Figuren, deren Größe von wenigen Metern bis zu einigen Hundert Metern reicht", berichtet Christiane Richter. Dazu zählt auch die atemberaubende Abbildung der 90 Meter großen Affenfigur, die Maria Anfang der 1950er-Jahre ins Auge sticht. Deren Schwanz ist zu einer Spirale aufgerollt! Die Entdeckung dieser Figuren ist allerdings vorläufig eher ein Nebeneffekt, ihre Hauptaufgabe sieht

Maria Reiche „in der Vermessung der unzähligen Linien, die sich auf einer Fläche von mehr als fünfhundert Quadratkilometern schnurgerade durch die Wüste ziehen", verdeutlicht Christiane Richter das Ausmaß der Feldforschung, bevor sie Maria Reiches Tagesablauf beschreibt: „Dazu klettert sie täglich vor Sonnenaufgang hinauf in die Pampa, vermisst die Linien und bestimmt deren Ausrichtung auf Winkelminuten genau. Am Abend entsteht daraus eine Zeichnung oder Karte." Neben den Figuren untersucht sie über 1.000 Linien und hält in über 50 Notizbüchern, von denen die meisten in Lima bei ihrer Adoptivtochter liegen, die von ihr ermittelten Daten fest.

Doch so beherzt Maria Reiche auch allen Widrigkeiten getrotzt und so findig sie für alles eine pragmatische Lösung gefunden hat: Irgendwann ist der Punkt gekommen, an dem auch sie sich mit dem altersbedingten Schwinden ihrer Kräfte auseinandersetzen muss. Aber auch hier schafft sie es, aus der Not eine Tugend zu machen: Als ihr die Vermessung der Linien mittels des Theodolites zu mühsam wird, weil ihre Sehkraft immer mehr nachlässt, widmet sie ihre volle Aufmerksamkeit den Figuren und geht der Frage nach, wie diese riesigen Zeichnungen sowohl technisch als auch künstlerisch so perfekt geschaffen worden sein können. Ein Aspekt, der ihr immer wieder Kopfzerbrechen bereitet, ist die Suche nach einer Maßeinheit, die diesen Figuren zugrunde liegt. Akribisch führt sie Messungen durch, vergleicht und analysiert ihre Ergebnisse und kommt zu dem Schluss: „Es ergibt sich ein Maß von 32,5 cm, das wie folgt vom menschlichem Körper ableitbar ist: Eine Schnur zwischen Daumen und Zeigefinger festgehalten, wird zur inneren Armbeuge gezogen. Verdopplung dieser Strecke bedeutet Armlänge, Halbierung die Spanne zwischen Daumen und Zeigefinger."

1970 nutzt sie den Internationalen Amerikanisten-Kongress in Lima, um für den Schutz der prähistorischen Bodenzeichnungen zu werben. Doch ihr Vorstoß bleibt ohne Folgen, in großer Sorge um die Zeichnungen in Zeiten des erstarkenden Tourismus bezahlt sie ab 1976 aus eigener Tasche einen Wächter für die Wüste. In Zusammenarbeit mit ihrer Schwester Renate gelingt es ihr, am Rande der Panamericana in der Pampa von Nasca einen Aussichtsturm errichten zu lassen, von dem aus einige Figuren und Linien zu sehen sind. Damit könnten die touristische Neugierde befriedigt und die Zeichnungen geschützt sein, wenn nicht trotzdem viele die Pampa bis heute trotz Strafandrohung betreten würden. Derweil nimmt ihre Gesundheit immer mehr ab: „Ende der 70er-Jahre beginnt der Grüne Star ihre Sehkraft so stark einzuschränken, dass sie nur noch mit fremder Hilfe arbeiten kann", erzählt die Mitarbeiterin der HTW. Immerhin ist Marias Umfeld komfortabler: Lange schon lebt sie nicht mehr im Wärterhäuschen, sondern ist ins Hotel Turistas umgezogen, wo sie freie Logis genießt. Als Gegenleistung hält sie allabendlich Vorträge für die Touristen.

„Ende 1994 beziehungsweise Anfang 1995 werden die Linien von Nasca unter den Schutz der UNESCO gestellt", erklärt Christiane Richter. Und die „Gringa, die die Wüste fegt", wie die Einheimischen Maria Reiche anfänglich spöttisch bezeichnen, wird nun als „Doctora Reiche" wie eine Heilige verehrt. Neben der Ehrendoktorwürde von fünf Universitäten erhält sie die höchsten Auszeichnungen der peruanischen Regierung sowie das Bundesverdienstkreuz 1. Klasse der Bundesrepublik Deutschland.

Ganz Peru trägt am 6. Juni 1998 Trauer: Maria Reiche ist in Lima gestorben. Sie erhält ein Staatsbegräbnis – und auf ihrem Sarg liegt der höchste Orden Perus, der Sonnenorden.

Auch wenn sie Dresden nicht mehr besucht hat, dachte sie immer gern an ihre Heimat zurück und war insbesondere ihren Lehrern am heutigen Romain-Rolland-Gymnasium äußerst dankbar: „Meine alten Lehrer würden es mir im Himmel niemals verzeihen, wenn ich diese Zeit vergessen würde. Das Ergebnis meiner heutigen Arbeit stammt aus den Grundlagen der Erziehung meiner alten Lehrer."

Melanie Kunze

Erinnerungsort:

Ihre Mittagspausen verbrachte Maria Reiche gerne im Rosengarten am Carusufer, um sich für den Nachmittagsunterricht im Romain-Rolland-Gymnasium zu stärken.

„Zwei Greten und ein Hund": Das Bild von Grete Wendt und Margarete Kühn wurde um 1918 in Grünhainichen aufgenommen. Vor den beiden Frauen sitzt Boxer Roland.

Von Flügeln und Punkten
Kleine Figuren mit großer Geschichte

Mit einem glückseligen Ausdruck im kindlichen und kugelrunden Gesichtchen hält die knapp sechs Zentimeter große Holzfigur ihre Geige in den Händen. Sie trägt ein weißes Gewand und auf dem Rücken grüne Flügel, auf denen jeweils genau elf weiße Punkte prangen. Zu ihr gesellen sich zwei weitere Engel, der eine mit einer Fackel, der andere mit einer Flöte. Bestimmt ebenso zufrieden wie die drei Figuren wird Margarete Wendt, genannt Grete, im Herbst 1923 das Ergebnis ihrer neuesten Arbeit betrachtet haben. Was sie zu diesem Zeitpunkt wahrscheinlich noch nicht weiß: Mit dem „Grünhainicher Engel", gemeinhin als Elfpunkteengel bekannt, entwirft sie das Aushängeschild der Firma Wendt & Kühn. „Die Engelmusikanten sind im gesamten Portfolio das wichtigste und bekannteste Produkt und auch das, was den meisten als Erstes einfällt, wenn sie an Wendt & Kühn denken", sagt Claudia Baer, die das Unternehmen zusammen mit ihrem Bruder in dritter Generation leitet. Bis heute ist der Geist ihrer Großtante Teil des traditionsbewussten Betriebs, denn Grete Wendts zahlreiche Entwürfe dienen nach wie vor als Grundlage in der Produktion.

Ihre Talente werden bei der kleinen Grete von Kindesbeinen an gefördert. Geboren wird sie am 24. Februar 1887 in Grünhainichen im Erzgebirge, einem bedeutenden Standort der traditionellen Holzspielwarenherstellung. Ihr Vater, Albert Wendt, ist seit 1884 Direktor der Staatlichen Spielwarenfach- und Gewerbeschule und unterstützt Grete bei allem, was sie ohnehin gerne tut: mit den Händen arbeiten. Ob Zeichnen und Malen oder Basteln und Bauen – Grete ist nicht nur kreativ, sondern auch handwerklich geschickt, schon in jungen Jahren lernt sie das Drechseln. Allein: Sie wächst in einer Zeit auf, in der es Frauen kaum möglich ist, einen Beruf zu ergreifen. Ein Leben als Hausfrau und Mutter scheint vorgezeichnet. Doch Albert und Hedwig Wendt wünschen sich eine andere Zukunft für ihren Sprössling und befürworten Gretes eine Zeichenausbildung im Atelier von Erich, Fritz und Gertrud Kleinhempel. „Um auch Frauen den Zugang zu kunstgewerblichen Fächern zu ermöglichen, hatten die Geschwister Kleinhempel 1900 eine Privatschule in Dresden gegründet", berichtet Marlis Rokitta, die sich als wissenschaftliche Mitarbeiterin bei Wendt & Kühn mit der Firmengeschichte bestens auskennt. „Das war damals wohl so üblich, dass Eltern aus dem bürgerlichen Milieu, die wollten, dass ihre Töchter eine Ausbildung erhalten, solche privaten Ateliers nutzten", ergänzt Claudia Baer.

So kommt Grete 1904 ins etwa 60 Kilometer entfernte Dresden. Die Stadt an der Elbe soll ihre Talentschmiede werden. Denn 1907 ist es endlich so weit: Frauen erhalten Zugang zur Königlich Sächsischen Kunstgewerbeschule Dresden, und mit Beginn des Jahres wird Grete Studentin in der ersten Frauenklasse. Durch die Kontakte ihres Vaters kommt sie während dieser Zeit in der Villa von Baurat Ernst Kühn, einem Bekannten der Familie, unter. Dessen Tochter Margarete (1888-1977) studiert ebenfalls in der ersten Frauenklasse an der Kunstgewerbeschule. Mit ihr verbindet Grete Wendt eine jahrelange Freundschaft.

Und eine weitere Namensvetterin gewinnt sie als Freundin: ihre Lehrerin Professor Margarete Junge (1874-1966). „Damals war Margarete ein sehr beliebter Name, so hießen ganz viele", bemerkt Claudia Baer. Zwischen Grete, ihrer Studienkollegin und der Lehrenden entwickelt sich mit der Zeit ein freundschaftliches Verhältnis auf Augenhöhe. „Frau Professor Junge hat auch das Signet entwickelt, das Wendt & Kühn bis heute verwendet, eine wettergezeichnete Fichte", fügt die Geschäftsführerin hinzu. „Auf jeder Figur, die wir herstellen, ist sie unten als Bodenmarke drauf."

„*Sie wurde immer [...] als sehr gütige und auf Harmonie bedachte Person beschrieben. Laute Worte waren ihr fremd, und sie war auch niemand, der sich selbst ins Rampenlicht gedrängt hätte, sondern sie hat sich über ihre Entwürfe verwirklicht.*"

Als Künstlerin und Designerin ist Margarete Junge unter anderem für die Deutschen Werkstätten Hellerau tätig, wo vor allem Möbel, aber auch Spielzeuge hergestellt werden. Grete Wendt und Margarete Kühn besuchen sie hin und wieder an ihrem Arbeitsort, Grete absolviert dort außerdem über mehrere Monate ein Praktikum. Im Verlauf ihres letzten Studienjahrs wird Karl Schmidt (1873-1948), Gründer der Deutschen Werkstätten, auf die talentierte Studentin aufmerksam. Von ihm erhält Grete 1910 den Auftrag, eine Weihnachtskrippe zu entwerfen. Noch im Oktober desselben Jahres kann Schmidt die frischgebackene Absolventin der Kunstgewerbeschule als Mitarbeiterin im Zeichenatelier gewinnen. An ihrem neuen Arbeitsplatz in Dresden-Hellerau wohnt Grete auch, hier entwickelt sie sich kunsthandwerklich weiter, hier ist sie von Meistern ihres Fachs umgeben.

Schon ein Jahr nachdem Grete ihre Arbeit in den Deutschen Werkstätten aufgenommen hat, eröffnet sich für sie die nächste Gelegenheit. Auf Empfehlung Karl Schmidts geht sie nach München, um dort im Künstlerausschuss der „Bayrischen Gewerbeschau 1912" mitzuwirken. In diesem Rahmen erschließt sich ihr ein völlig neues Aufgabenfeld: Sie vermittelt die Entwürfe von Künstlern an die gewerbetreibenden Aussteller und Fabrikanten, nimmt an Jurysitzungen teil, besucht Werkstätten und überwacht die Herstellung ihrer eigenen

Entwürfe, die auf der Gewerbeschau ausgestellt werden sollen – unter anderem ein Ringleuchter mit Engeln.

Nach der Ausstellung in München kehrt Grete nach Grünhainichen zurück. Es soll nur ein kurzer Zwischenaufenthalt werden, sie hat sich in Berlin beworben und will eigentlich in die Hauptstadt ziehen. Doch zurück in ihrer Heimat wird sie mit so vielen Aufträgen überschüttet, dass aus diesen Plänen nichts wird. Seit ihrer Zeit in Bayern wendet sich Grete vermehrt figürlichen Darstellungen zu. Mit den „Beerenkindern" gewinnt sie 1913 den zweiten Preis in einem Wettbewerb des Landesvereins Sächsischer Heimatschutz für „Gute Reiseandenken". Beflügelt von diesem Erfolg, reift in ihr eine neue Idee: sich mit einer eigenen Werkstatt selbstständig zu machen.

Bevor es dazu kommen kann, bricht 1914 der Erste Weltkrieg aus. Das spiegelt sich auch in Gretes Arbeit wider. So nimmt sie an einem Wettbewerb der sächsischen Regierung zur Gestaltung von Kriegsgrabmalen teil. Ende November entwirft sie außerdem in Anlehnung an den Ringleuchter von 1912 ihren ersten Weihnachtsengel. Er ist für ihren Bruder Johannes bestimmt, der als Soldat in den Krieg gezogen ist. Die Figur trägt ein weißes Kleid, auf dem Rücken grüne Flügel mit weißen Sternen darauf und in jeder Hand einen Kerzenhalter. Der Lichterengel soll Johannes Trost und Hoffnung schenken. „Ich wünsche, dass er Dich zum Weihnachtsabend an daheim und an die Angehörigen erinnert, die alle am Heiligabend Eurer so besonders gedenken …", schreibt Grete in einem beigelegten Brief. Mit diesem Friedensboten für ihren Bruder schafft sie den Prototypen für all die Engel, die noch folgen sollen. Und sie knüpft damit an eine weit zurückreichende Tradition an, denn neben der Figur des Bergmanns ist auch der Lichterengel mit dem Erzgebirge eng verbunden.

Ihren Wunsch nach Selbstständigkeit kann sie ein Jahr später gemeinsam mit ihrer Freundin aus Studententagen, Margarete Kühn, in die Tat umsetzen: Die beiden Frauen gründen am 1. Oktober 1915 die Firma „M. Wendt & M. Kühn". Sitz des Unternehmens wird 1916 ein altes Spielwaren-, Verleger- und Versandhaus mitten in Grünhainichen. Durch die Firmengründung wird ihr Geburtsort wieder zu ihrem Lebensmittelpunkt. Vater Albert erweist sich abermals als großer Unterstützer seiner Tochter, sowohl finanziell als auch bei der

Ausstattung der Räumlichkeiten mit den notwendigen Maschinen steht er ihr zur Seite.

In den 1920er- und 1930er-Jahren kennt Gretes Kreativität keine Grenzen, was sich in einer wahren Flut an Entwürfen äußert, unter anderem dem Elfpunkteengel 1923. Auch wenn ihre Figuren sehr kindliche Züge tragen, sind sie nicht als Spielzeug gedacht. „Es waren durchaus figürliche Sachen, aber eher Dekorationsartikel mit Nutzen für den Alltag wie Serviettenringe oder Tischkartenhalter", berichtet Marlis Rokitta. „Wer in bürgerlichen Kreisen seinen Gästen etwas anbieten wollte, konnte dies somit auf eine wunderschöne Art und Weise tun."

Mit den Produkten habe man anfangs auch das Frauenbild der 1920er-Jahre bedient, so Claudia Baer: „Die moderne, emanzipierte Frau war gleichzeitig eine rauchende Frau. Darin spiegelte sich ein gewisser Aufbruch, eine gewisse Fortschrittlichkeit." Für diese Zielgruppe stellte die Firma zum Beispiel Figuren her, die ein Tablett trugen, auf dem Rauchwaren abgelegt, oder einen Korb, in dem Streichhölzer platziert werden konnten. „Genauso gab es aber auch Knauldamen, Figuren, die ein Wollknäuel aufnahmen, die waren für die Handarbeit gedacht", fügt sie hinzu. Generell bediente das Sortiment vor allem die bürgerliche Schicht mit einem gewissen Einkommen, die sich derlei Produkte leisten konnte. Und hier vor allem die Frauen, die ihr Heim mit hübschen Dekorationsartikeln schmücken wollten. Dementsprechend erfolgte die Produktplatzierung vornehmlich in großen, renommierten Kaufhausketten. Zudem warben die Gründerinnen mit Postkarten, auf denen ihre Erzeugnisse als Teil eines geschmackvollen Interieurs und einer gewissen Kultiviertheit dargestellt wurden.

Besonders wichtig ist Grete bei der Gestaltung ihrer Figuren der kindliche und unbeschwerte Ausdruck. Dazu gehört auch, dass ihre kleinen Geschöpfe weniger starr wirken sollen, als dies bisher bei Holzfiguren aus dem Erzgebirge der Fall ist. Mit einem einfachen, aber effektiven Kniff gelingt es ihr, Bewegung in ihre Entwürfe zu bringen: Den in einem Stück gedrechselten Arm schneidet sie in der Mitte entzwei, um die Schnittflächen der beiden Teile anschließend versetzt wieder aneinander zu leimen, sodass ein leicht angewinkelter Ellenbogen entsteht. „Das war wirklich eine Neuerung", betont Claudia Baer. Grete selbst notiert dazu: „Mit dieser Ausdrucksmöglichkeit gelang es mir, die erstrebte Kindlichkeit und Vielseitigkeit in der Bewegung und im Ausdruck zu geben und dabei eine klare, selbstverständliche Herstellungsweise beizubehalten."

Obwohl Grünhainichen seit der Firmengründung wieder Gretes Lebensmittelpunkt geworden ist, reist die Unternehmerin auch viel, ist auf internationalen Messen unterwegs und stellt dort ihre Produkte vor. 1937 heimst sie den Grand Prix und eine Goldmedaille auf der Weltausstellung in Paris ein. Ein Ort, den sie zu Hause besonders liebt, ist der Garten hinter dem Haus. Hier kann Grete stundenlang gedankenversunken durch die Blumen wandeln, Inspiration finden und die Zeit vergessen. „Da musste der Malereimeister manchmal etwas länger bleiben, weil ihr um 16 Uhr erst eingefallen ist, dass sie mit ihm noch ganz dringend etwas besprechen muss, nachdem sie die zwei Stunden vorher in ihrem Garten verbracht hat", erzählt Claudia Baer und schmunzelt: „Was das angeht, war meine Großtante vielleicht ein wenig exotisch für den kleinen Ort und die Gegend hier."

Insgesamt sei Grete Wendt ein sehr ruhiger und wohlwollender Mensch gewesen, erinnert sich die Geschäftsführerin. „Sie wurde immer, und das stimmt auch mit meinen Erinnerungen überein, als sehr gütige und auf Harmonie bedachte Person beschrieben. Laute Worte waren ihr fremd, und sie war auch niemand, der sich selbst ins Rampenlicht gedrängt hätte, sondern sie hat sich über ihre Entwürfe verwirklicht." Da Grete Streit und Konfrontation nicht liegen, trifft es sich gut, dass ihr aus dem Krieg

Die Kunstgewerbeschule, in der Grete Wendt während ihres Studiums in Dresden ein und aus ging.

zurückgekehrter Bruder Johannes 1919 in das
und den kaufmännischen Part übernimmt. Wäh.
gegen Plagiate vorgeht, gibt seine Schwester sich unbek
Claudia Baer schildert: „Sie sagte immer: ‚Ach, lasst die nur .
dann machen wir eben wieder etwas Neues'."

Durch drei politische Systeme hindurch wird Grete ihr Unternehmen führen. Obwohl Margarete Kühn 1920 aus der Firma ausgeschieden ist – die beiden Frauen hatten die Vereinbarung getroffen, dass, wer heiratet, die Firma verlassen muss –, trägt es weiterhin den Namen Wendt & Kühn. Sie versucht, sich aus politischen Dingen herauszuhalten, eine neutrale Position zu beziehen. „Sie war zwar kein NSDAP-Mitglied, aber sie wird sich dem System auch nicht komplett verweigert haben. Ihr war vor allem wichtig, dass es der Wirtschaft gut geht", skizziert Claudia Baer die Haltung ihrer Großtante. Im September 1945 trifft die Familie ein schwerer Schicksalsschlag: Johannes wird verschleppt, er stirbt im russischen Internierungslager Tscherepowez, doch das erfahren die Angehörigen erst viele Jahre später. Bis dahin herrscht Ungewissheit darüber, was mit ihm passiert ist. Mit der Unterstützung ihrer Mitarbeiter gelingt es Grete, die 1946 enteigneten Firmenanteile ihres Bruders ein Jahr später zurückzukaufen. Auch darüber hinaus setzt sich ihre Belegschaft für sie ein: Während der sowjetischen Besatzung bürgt sie dafür, dass Grete nicht politisch aktiv gewesen ist.

Nach dem Verlust ihres Bruders trifft Grete viele Jahre später der nächste schwere Schlag: 1972 wird ihr Unternehmen verstaatlicht und zu Volkseigentum erklärt. „Das war eine wirklich einschneidende Erfahrung", sagt Marlis Rokitta, „denn das raubte ihre ganze kreative Grundlage, aus der sie geschöpft hat. Alles, was sie aufgebaut hat, ihr Lebenswerk, wird plötzlich in andere Hände gegeben, ohne dass man irgendetwas daran ändern kann." 85 Jahre ist Grete mittlerweile alt, bis ins hohe Alter hat sie gearbeitet, doch nun nimmt sie die Enteignung zum Anlass, aus der Firma auszusteigen. Inzwischen ist ihr Neffe, Claudia Baers Vater, in die Geschäftsführung eingestiegen, nach der Verstaatlichung bleibt er als Betriebsdirektor angestellt. Die Produktpalette wird beibehalten, die Knappheit an Rohstoffen erschwert die Produktion jedoch. „Von Vorteil war in dieser Zeit, dass die Erzeugnisse ins sogenannte NSW, ins nicht-sozialistische Wirtschaftsgebiet, exportiert werden konnten, zum Beispiel in den anderen Teil Deutschlands. Insofern hatte Wendt & Kühn eine Sonderstellung, dass die Produktion aufrechterhalten wurde, um das gegen Devisen im Westen absetzen zu können", schildert Claudia Baer. „Das waren beliebte Artikel und Wendt & Kühn eine lange etablierte Marke, das konnte auch eine DDR-Regierung nicht unter den Tisch kehren", betont Marlis Rokitta. „Und die profitierte ja letztendlich auch davon."

1979 endet die Geschichte dort, wo alles begann: Grete Wendt stirbt in Grünhainichen. Auf dem Lebensweg, der dazwischen lag, stellen die prägenden Jahre in ihrer Talentschmiede Dresden jedoch einen entscheidenden Abschnitt dar. Sie hat nie geheiratet, nie Kinder bekommen, ihr ganzes Leben hat Grete ihrem Unternehmen gewidmet. „Bis heute passiert eigentlich keine Entscheidung, bei der wir uns nicht fragen: Entspricht das der Philosophie, die Grete Wendt uns mitgegeben hat?", sind sich die Geschäftsführerin und die Historikerin einig. Dadurch ist die Firmengründerin, die häufig in ihren Markenzeichen Bluse und Schleife anzutreffen war, noch immer präsent. Wenn sie wüsste, dass ihr Unternehmen heute wieder ihrer Familie gehört und von dieser in dritter Generation geführt wird – sie würde sich bestimmt sogleich an einen neuen Entwurf setzen.

Elena de F. Oliveira

Lichterengel und Bergmann:

Neben dem Lichterengel ist auch der Bergmann aus der Tradition des Erzgebirges nicht wegzudenken, ist die Region doch stark vom Bergbau geprägt. Während der Bergmann bereits im 16. Jahrhundert als Altarleuchter in Kirchen auftauchte, fand der Engel erst ab der Mitte des 19. Jahrhunderts Verbreitung. Gemeinsam bilden sie seither die traditionellen Weihnachtsfiguren.

Altner, Manfred: „Dietrich, Margarethe Antonia (Antonie)". URL: http://saebi.isgv.de/biografie/Antonia_Dietrich_(1900-1975)#. Abgerufen am 10.10.2018.

Baum, Ute: „Triumph für die bürgerliche Diva". In: DNN vom 27.05.2009.

Bayerischer Rundfunk: „Die Hofhalterin – Kurfürstin Anna von Sachsen". URL: https://www.br.de/fernsehen/ard-alpha/sendungen/schulfernsehen/frauen-renaissance-anna-sachsen-100.html. Abgerufen am 12.10.2018.

Bestenreiner, Erika: Luise von Toscana, Skandal am Königshof. 6. Auflage, München 2003.

Bochmann, Patrick: Dissertationsschrift zur Erlangung des akademischen Grades Doktor der Medizin. Dresden 2016, S.31-54.

Böttcher, Hans-Joachim: „Anna Prinzessin von Sachsen 1544 – 1577". Dresden 2013.

Böttcher, Hans-Joachim: „Prinzessin Annas Tod". In: Sachsen-Lese. URL: http://www.sachsen-lese.de/index.php?article_id=359. Abgerufen am 10.10.2018.

Brekle, Ursula: „Anna Constantia von Cosel und August der Starke". URL: http://www.sachsen-lese.de/index.php?article_id=132. Abgerufen am 09.10.2018.

Bundeszentrale für politische Bildung: „Warum Friedrich II. Dresden zerstörte". URL: http://www.bpb.de/geschichte/zeitgeschichte/geschichte-im-fluss/160216/warum-friedrich-ii-dresden-zerstoerte?p=all. Abgerufen am 07.10.2018.

Caspari, Gertrud: Lebensbericht (1947). Abschrift von Folke Stimmel im August 2007.

Charlotte Meentzen Kräutervital Kosmetik GmbH: „Geschichte der Marke". URL: https://www.meentzen.de/de/geschichte-der-marke. Abgerufen am 25.09.2018.

Das niederländische Königshaus. URL: https://www.koenigshaus.nl/themen/wilhelm-von-oranien-1533%E2%80%931584/aufstieg. Abgerufen am 11.10.2018.

Dückelmann: Familienarchiv.

Dudek, Annett: „‚Glaube und Schönheit' – Frauen in Dresden in der NS-Zeit". In: Dresdner Geschichtsverein (Hrsg.): Caroline, Berta, Gret und die anderen. Frauen und Frauenbewegung in Dresden. Dresdner Hefte 18 (2000), Nr. 62, S. 50-56.

Erdmann-Raijski, Katja: Gret Palucca. Tanz und Zeiterfahrung in Deutschland im 20. Jahrhundert: Weimarer Republik, Nationalsozialismus, Deutsche Demokratische Republik. Hildesheim/Zürich/New York 2000, S. 129 ff.

Erzgebirgsstube: „Engel & Bergmann". URL: https://www.erzgebirgsstube.com/engel-bergmann/?p=1. Abgerufen am 27.09.2018.

Fenske, Kurt: „Als Internationalist wollte Ulbricht einen starken, kreativen RGW". In: Krenz, Egon (Hrsg.): Walter Ulbricht. Zeitzeugen erinnern sich. Berlin 2013, S. 196-206.

Fetscher, Iring: „Luxemburg, Rosa". In: Neue Deutsche Biographie 15, 1987, S. 578-582 [Online-Version]. URL: https://www.deutsche-biographie.de/pnd118575503.html#ndbcontent. Abgerufen am 05.10.2018.

Fischer, Christine: Instrumentierte Visionen weiblicher Macht. Kassel 2007.

Frauenstadtarchiv Dresden: „Frauen auf die Straßen(-)schilder!" Dresden 2007, S. 25, 40.

Frauenwiki Dresden: „Rosa Luxemburg". URL: https://frauenwiki-dresden.de/index.php?title=Rosa_Luxemburg. Abgerufen am 05.10.2018.

Funck, Ferdinand von: „Im Banne Napoleons". Dresden 1928. S. 19-21, 28 f., 45 f., 67.

Gertrud-Caspari-Familienstiftung: „Gertrud Caspari". URL: http://www.gertrud-caspari-familienstiftung.de/?page_id=5. Abgerufen am 05.10.2018.

Giesecke, Una: „Das Wichtigste, was ein Geburtshelfer braucht, ist ein Schemel". In: Dresdner Geschichtsverein (Hrsg.): Caroline, Berta, Gret und die anderen. Frauen und Frauenbewegung in Dresden. Dresdner Hefte 18 (2000), Nr. 62, S. 92 ff.

Gortz, Gunter: „Als sie die Ballettschuhe an den Nagel hängte, kam der Erfolg". In: Neues Deutschland vom 25.03.1993. URL: https://www.neues-deutschland.de/artikel/410527.als-sie-die-ballettschuhe-an-den-nagel-haengte-kam-der-erfolg.html. Abgerufen am 09.08.2018.

Gross, Reiner: Geschichte Sachsens. Leipzig 2001, S. 88 f.

Hoffmann, Gabriele: Constantia von Cosel und August der Starke: Die Geschichte einer Mätresse. Bergisch Gladbach 2000, S. 16, 21, 28, 84.

Hoyer, Niels (Hrsg.); Wegener, Einar: Lili Elbe: Ein Mensch wechselt sein Geschlecht. Eine Lebensbeichte. Dresden 1932, S. 13-19, 50-87.

Hücking, Renate: „Anna von Sachsen, die Apothekerin". URL: https://www.emma.de/artikel/anna-von-sachsen-die-erste-apothekerin-264036. Abgerufen am 12.10.2018.

Huth, Mike; Kretschmann, Iris (Hrsg.): Skandal bei Hofe! Die Flucht der Luise von Toscana, Kronprinzessin von Sachsen. Dresden 2017, S. 31, 54, 59-66

Innsbrucker Nachrichten: „Das Ehedrama der sächsischen Kronprinzessin und der Liebesroman des Erzherzogs Leopold Ferdinand". Samstag, den 27.12.1902.

Jung, Maren: Rosa Menzer war hier – Ein Wi(e)dergang Audioguide-Text.

Jung, Maren; Möwitz, Dorothea: Institutionelle Repression und Widerstand zu Beginn der NS-Herrschaft. Ein performativ-biographischer Zugriff am Beispiel Rosa Menzer.

Keller, Katrin: „Anna von Dänemark". URL: http://saebi.isgv.de/biografie/Anna,_Kurf%C3%BCrstin_von_Sachsen_(1532-1585). Abgerufen am 12.10.2018.

Keller, Katrin: Kurfürstin Anna von Sachsen. 1632-1585. Regensburg 2010.

Kleio.Org: Frauenschicksale aus dem 15. Und 16. Jahrhundert. Anna von Sachsen (1544-1577) URL: http://www.kleio.org/de/geschichte/renaissance/frauen/a_sachsen/. Abgerufen am 11.10.2018.

Kirst, Klaus Dieter: „Guten Tag! Ich bin Antonia Dietrich ... : eine Hommage". In: Staatsschauspiel Dresden – 100 Jahre Schauspielhaus. Berlin 2012, S. 220-223.

Koenen, Emmy: „Elsa Fenske-Classen". In: Zörner, Guste (Hrsg.): Sie kämpften auch für uns. Leipzig 1967, S. 81-90.

Kretzschmar, Hellmut: „Anna". In: Neue Deutsche Biographie (NDB). Berlin 1953, S. 302. URL: https://www.deutsche-biographie.de/gnd118738054.html#ndbcontent. Abgerufen am 10.10.2018.

Kümmel, Peter: „Mit Wut und Mut". In: Die Zeit Nr. 48 vom 25. November 2010. URL: https://www.zeit.de/2010/48/Theater-Neuberin. Abgerufen am 04.10.2018.

Laschitza, Annelies: Rosa Luxemburg. Im Lebensrausch, trotz allem: Eine Biographie. Berlin 2000.

Lemo: Lebendiges Museum online: „Gleichschaltung". URL: https://www.dhm.de/lemo/kapitel/ns-regime/etablierung-der-ns-herrschaft/gleichschaltung.html. Abgerufen am 01.07.2018.

Loewel, Vanessa: „Anna Constantia Reichsgräfin von Cosel. Ein sagenumwobenes Leben". URL: https://www.deutschlandfunk.de/anna-constantia-reichsgraefin-von-cosel-ein-sagenumwobenes.871.de.html?dram:article_id=315624. Abgerufen am 08.10.2018.

Loewel, Vanessa: „25. Todestag von Gret Palucca. Gefeierte Solistin und strenge Lehrerin des modernen Tanzes". URL: https://www.deutschlandfunk.de/25-todestag-von-gret-palucca-gefeierte-solistin-und-strenge.871.de.html?dram:article_id=413596. Abgerufen am 09.08.2018.

Marssolek, Inge; Ott, René: Bremen im Dritten Reich: Anpassung, Widerstand, Verfolgung. Bremen 1986, S. 263.

MDR: „Die Erfindung des Büstenhalters. Der erste BH – eine Revolution made in Sachsen!" URL: https://www.mdr.de/zeitreise/buestenhalter104.html. Abgerufen am

24.09.2018.

MDR: „Einfach himmlisch! 100 Jahre Wendt & Kühn". URL: https://www.mdr.de/tv/programm/sendung771590.html. Abgerufen am 27.09.2018.

MDR: „Melitta Bentz und die Geschichte des Kaffeefilters". URL: https://www.mdr.de/zeitreise/geschichte-melitta-benz100.html. Abgerufen am 26.09.2018.

MDR Mediathek: „Charlotte Meentzen – Dresdner Kosmetik mit Tradition". URL: https://www.mdr.de/mediathek/mdr-videos/c/video-219194.html. Abgerufen am 25.09.2018.

Melitta-Group: „Eine Frau mit Ideen und Tatkraft". URL: https://www.melitta-group.com/de/Biografie-Melitta-Bentz-186.html. Abgerufen am 26.09.2018.

Neuberin, Friederica Carolina: Ein deutsches Vorspiel. Leipzig 1734, S. 3.

Neumayr, Eva: „Maria Antonia Walpurgis Kurfürstin von Sachsen". URL: http://mugi.hfmt-hamburg.de/old/A_lexartikel/lexartikel.php?id=mari1724. Abgerufen am 10.10.2018.

Neumayr, Eva: „Maria Antonia Kurfürstin von Sachsen". URL: https://mugi.hfmt-hamburg.de/Artikel/Maria_Antonia_Kurf%C3%BCrstin_von_Sachsen.pdf. Abgerufen am 10.10.2018.

Neustätter, Otto: „Unerhörte Zustände in der Bilzschen Naturheilanstalt". In: Münchner Medizinische Wochenschrift [MMW] 58 (1910) Nr. 43, S. 2270.

Patentschrift des Kaiserlichen Patentamtes Nr. 110888 für ein „Frauenleibchen als Brustträger". (pdf online) beim DPMA. URL: https://depatisnet.dpma.de/DepatisNet/depatisnet?action=pdf&docid=DE000000110888A. Abgerufen am 24.09.2018.

Pfister, Eva: „Reformerin des Theaters". URL: https://www.deutschlandfunk.de/reformerin-des-theaters.871.de.html?dram:article_id=127168. Abgerufen am 04.10.2018.

Rannow, Angela: „Palucca, Gret (eigentl. Margarete Paluka)". URL: http://saebi.isgv.de/biografie/Gret_Palucca_(1902-1993). Abgerufen am 15.10.2018.

Rannow, Angela: „Tanz ist Tanz: Palucca (1902-1993)". In: Soyka, Amelie: Tanzen und tanzen und nichts als tanzen: Tänzerinnen der Moderne von Josephine Baker bis Mary Wigman. Berlin 2012, S. 77-91.

Reiche, Karin (Hrsg.); Scheunpflug, Maria; Praus, Irmhild; Rostock, Madlen: Sie waren die Ersten Frauen aus Lehre und Forschung. Johanna Weinmeister. Referat Gleichstellung von Mann und Frau der TU Dresden. Dresden, 2., überarb. Aufl. 2002.

Salinger, Julie: Reden im Sächsischen Landtag.

Schiefner, Kerstin: „Agnes von Hessen". In: Sächsische Biografie. Herausgegeben vom Institut für Sächsische Geschichte und Volkskunde e.V. URL: http://saebi.isgv.de/biografie/Agnes,_Kurfürstin_von_Sachsen_(1527-1555). Abgerufen am 02.10.2018.

Schmid, Alois: „Maria Antonia Walburga". In: Sächsische Biografie. URL: http://saebi.isgv.de/biografie/Maria_Antonia_Walburga,_Kurf%C3%BCrstin_von_Sachsen_(1724-1780). Abgerufen am 10.10.2018.

Schmid, Alois: „Maria Antonia Walburga". In: Neue Deutsche Biographie 16, S. 198-200. URL: https://www.deutsche-biographie.de/pnd118781871.html#ndbcontentich. Abgerufen am 10.10.2018.

Sperlich, Christel: „Das Erbe der Gret Palucca". URL: https://www.mdr.de/kultur/gret-palucca-ausdruckstanz-100.html. Abgerufen am 09.08.2018.

Stadtwiki Dresden: Denkmal der Caroline Neuber. URL: http://www.stadtwikidd.de/wiki/Denkmal_der_Caroline_Neuber. Abgerufen am 15.10.2018.

Stadtwiki Dresden: „Elsa Fenske". URL: http://www.stadtwikidd.de/wiki/Elsa_Fenske. Abgerufen am 02.10.2018.

Stadtwiki Dresden: „Elsa-Fenske-Heim". URL: http://www.stadtwikidd.de/wiki/Elsa-Fenske-Heim. Abgerufen am 02.10.2018.

Stadtwiki Dresden: „Melli Beese". URL: http://www.stadtwikidd.de/wiki/Melli_Beese. Abgerufen am 04.10.2018.

Stanislaw-Kemenah, Alexandra-Kathrin: „Hier hat sie die Hosen an". Vortrag zu Charlotte Meentzen beim Forum Dresdner Wirtschaftsfrauen / Dresdner Weitsicht vom 18. Oktober 2017.

Stimmel, Folke: „Zum Leben und Schaffen von Gertrud Caspari". In: Lorenz, Detlef; Nagy, S.; Pieske, Ch.; Vanja, K. (Hrsg.): Arbeitskreis Bild Druck Papier, Band 10. Tagungsband Dresden 2005. Münster 2006, S. 73-82.

Sumpf, Peter: „Beese, Amelie". In: Neue Deutsche Biographie (NDB), Band 1. Berlin 1953. URL: https://www.deutsche-biographie.de/gnd123213177.html#ndbcontent. Abgerufen am 03.10.2018.

Thate, Cornelia: Der Umgang mit dem Erbe der Nasca-Kultur in Vergangenheit und Gegenwart.

Toscana, Luise von: Mein Lebensweg. Dresden 2001, S. 132, 142

Ulich-Beil, Else: Ich ging meinen Weg. Berlin-Grunewald 1961, S. 7, 19 f., 27, 29, 75, 84, 99 f.,134 f.

Vereinschronik: „Dr. Maria Reiche – Linien und Figuren der Nasca-Kultur in Peru" e. V.

Vogel, Lutz: unveröffentliches Manuskript

Walther, Alexander: „Die Neuberin". URL: http://www.dresden-lese.de/index.php?article_id=238. Abgerufen am 04.10.2018.

Wendt & Kühn, Archiv: D6343.

Wendt & Kühn KG: Figurenbuch 2014. S. 6-13.

Wendt & Kühn KG: Unsere Geschichte (Firmenchronik). 2010, S. 10-17.

Wikipedia: „Anna Fischer-Dückelmann". URL: https://de.wikipedia.org/wiki/Anna_Fischer-D%C3%BCckelmann. Abgerufen am 12.07.2018.

Wikipedia: „Die Frau als Hausärztin". URL: https://de.wikipedia.org/wiki/Die_Frau_als_Haus%C3%A4rztin. Abgerufen am 12.07.2018.

Wikipedia: „Hope Bridges Adams Lehmann". URL: https://de.wikipedia.org/wiki/Hope_Bridges_Adams_Lehmann. Abgerufen am 12.07.2018.

Wikipedia: „Rosa Menzer". URL: https://de.wikipedia.org/wiki/Rosa_Menzer. Abgerufen am 01.07.2018.

Werl, Elisabeth: „Elisabeth". In: Neue Deutsche Biographie 4 (1959), S. 451 [Online-Version]. URL: https://www.deutsche-biographie.de/pnd13669523X.html#ndbcontent. Abgerufen am 01.10.2018.

Wolter, Heike: „Beese (verh. Beese-Boutard), Amelie Hedwig (gen. Melli)". In: Institut für Sächsische Geschichte und Volkskunde (Hrsg.): Sächsische Biografie. URL: http://saebi.isgv.de/biografie/Melli_Beese_(1886-1925). Abgerufen am 03.10.2018.

Bildnachweis

Cover:
SLUB / Deutsche Fotothek, Ursula Richter

Frederike Caroline Neuber

S. 8 Neuberin-Museum Reichenbach im Vogtland
S. 11 Christine Fischer

Elisabeth von Rochlitz

S. 15 Norber Kaiser, CC BY-SA 3.0
S. 17 SLUB Dresden, CC BY-SA 4.0

Charlotte Meentzen

S. 20 Privatarchiv Familie Meentzen
S. 24 Privatarchiv Familie Meentzen

Anna von Sachsen

S. 26 Lucas Cranach the Younger, Public Domain

Anna Constantia von Cosel

S. 32 Public Domain
S. 34 Claudia Friedemann

Lili Elbe

S. 40 Unbekannt, CC BY-SA 4.0
S. 42 Unbekannt, CC BY-SA 4.0

Else Ulich-Beil
S. 50 Sächsische Landesbibliothek - Staats- und Universitätsbibliothek Dresden
S. 53 Sussane Salzmann

Anontia Dietrich

S. 57 SLUB / Deutsche Fotothek, Ursula Richter
S. 61 SLUB / Deutsche Fotothek, Ursula Richter

Melli Beese
S. 64 Bundesarchiv, Bild 183-1983-0617-302 / CC-BY-SA 3.0

Melitta Bentz

S. 70 Public Domain

Ursula Bergander

S. 75 Staatliche Kunstsammlungen Dresden, Klut/Estel/Karpinski

Anna von Dänemark

S. 79 Abraham de Bruyn, Public Domain

Rosa Menzer

S. 84 Public Domain
S. 86 Maren Jung

Christine Hardt

S. 91 Deutsches Patent- und Markenamt, DE110888A

Julie Salinger
S. 95 Sächsisches Staatsarchiv, Hauptstaatsarchiv Dresden, 10692 Ständeversammlung des Königreichs Sachsen, Nr. 16170, Bl. 42.

Rosa Luxemburg

S. 103 Pubilc Domain
S. 104 Bundesarchiv, Bild 183-14077-006 / Unbekannt / CC-BY-SA 3.0

Luise von Toscana

S. 109 Unbekannt, gemeinfrei
S. 110 Georg Decker, gemeinfrei
S. 114 Unbekannt, gemeinfrei

Gret Palucca

S. 124 Genja Jonas, Public Domain

Agnes von Hessen

S. 131 Lucus Cranach the Younger, Public Domain

Elsa Fenske-Classen

S. 136 SLUB / Deutsche Fotothek

Johanna Weinmeister

S. 142 Technische Universität Dresden

Maria Antonia von Bayern

S. 146 Anton Raphael Mengs, Public Domain
S. 148 Christine Fischer

Anna Fischer-Dückelmann

S. 152 Unknown, Public Domain
S. 154 Unknown, Public Domain
S. 158 Brücke-Osteuropa, CC0 1.0 Universal

Gertrud Caspari

S. 162 Gertrud-Caspari-Familienstiftung
S. 167 Gertrud-Caspari-Familienstiftung

Maria Reiche

S. 169 Public Domain

Margarete Wendt

S. 177 Wendt & Kühn KG

Sollte trotz aufwendiger Recherche eine Bildquelle nicht korrekt oder unvollständig angegeben sein oder ein Rechteinhaber übersehen worden sein, bitten wir die betroffene Institution sich mit dem Verlag in Verbindung zu setzen.

SIE MÖCHTEN NOCH MEHR ÜBER

Dresdens Frauen

WISSEN?

Hier gibt es sachkundige Informationen:

Christina Avdi
Städteführungen fernab der 08/15 Touristentouren, mit kleinen Anekdoten und unbekannten Geschichten der Stadt. Neben den „traditionellen" Altstadt- und Neustadttouren bietet die Gästeführerin spezielle Themenführungen für Familien, Kindergarten- oder Schulgruppen und eine spezielle „Griechische Mythologie-Tour" in der Altstadt Dresdens an.
E-Mail: christina@sightstep-dresden.com
Homepage: www.sightstep-dresden.de

Cosima Curth
Lizenzierte Stadt- und Museumsführerin in und um Dresden sowie in den Museen. Führungen in Deutsch, Englisch, Französisch und Spanisch.
Telefon: 0179 / 1302457
E-Mail: dresdenguide@cosima-curth.de

Christine Fischer
Unterhaltsame Führungen in und um Dresden. „DRESDEN für ZWEI"-Rundfahrten in Limousine der Oberklasse. Buchveröffentlichungen mit regionalem Bezug.
Telefon: 0351 / 2680706
Homepages:
www.dresdner-tourenservice.de
www.dresden-exklusiv.de
www.dresdner-autorin.de

FrauenBildungsHaus Dresden e. V.
Jahresthema-Veranstaltungen 2018/19: „Frauen in der Politik – 100 Jahre Frauenwahlrecht in Sachsen" des Frauenstadtarchivs Dresden.
Oskarstraße 1
01219 Dresden
E-Mail: frauenstadtarchiv@frauenbildungshaus-dresden.de
Homepage: www.frauenbildungshaus-dresden.de/fsa/

Frauenstadtarchiv Dresden
Hier können Interessierte z.B. den Audiowalk „Rosa Menzer war hier. Ein Wi(e)dergang" ausleihen. In den verschiedenen Stationen durch den ehemaligen Justizkomplex am Münchner Platz verweben Maren Jung und Dorothea Möwitz die Biografien der Teilnehmenden mit der Biografie Rosa Menzers, und so die Vergangenheit mit der Gegenwart.
Telefon: 0351 / 31388390
E-Mail: frauenstadtarchiv@frauenbildungshaus-dresden.de
Homepage: www.frauenstadtarchiv.de

Claudia Friedemann
Gästebetreuung – Services – Events
Wenn die Gräfin auf Gäste der heutigen Zeit trifft, gibt es viel Geschichte in Geschichten zu erleben, eine Kombination aus Information und Entertainment. So wird Geschichte

erlebbar, unterhaltsam und niemals langweilig.
Klotzscher Hauptstraße 23b
01109 Dresden
Telefon: 0351 / 8888453, 0171 / 9981850
E-Mail: info@claudia-friedemann.de
Homepage: www.claudia-friedemann.de

Wendt & Kühn
Entdecken – Erleben – Staunen: Bei einer Führung durch die Wendt & Kühn-Welt, die Erlebniswelt im historischen Fachwerkhaus, begeben sich die Besucher auf eine Reise durch die Geschichte des Traditionsunternehmens und erfahren, wie aus einem grob geschliffenen Brett eine kunstvoll bemalte Figur entsteht. Öffnungszeiten täglich von 10 bis 17 Uhr.
www.wendt-kuehn.de.
Chemnitzer Straße 40
09579 Grünhainichen
Telefon.: 037294 / 86128
E-Mail: erlebnis@wendt-kuehn.de
Homepage: www. wendt-kuehn.de

Publikationen:

Asshoff, Elisabeth: Der Cranachaltar und die Epitaphien der Stadtkirche St. Peter und Paul zu Weimar. Weimar 2014.

Evangelisch-Lutherische Landeskirche Sachsens (Hrsg.): „Wir sind frei in allen Dingen ..." – Frauen am Lutherweg Sachsen. Beiträge u. a. von Simona Schellenberger, Kerstin Schimmel, Ju Sobing, Alexandra-Kathrin Stanislaw-Kemenah, Kathrin Wallrabe. Radebeul 2017.

Gleichstellungsbeauftragte für Frau und Mann der LH Dresden (Hrsg.): Buch der Briefe DDR geschiedener Frauen (Schreibkultur der 90er). Dresden 2018.

Rous, Anne-Simone: Dynastie und Prestige. Die Heiratspolitik der Wettiner. Köln/Weimar 2009.

Besuchen Sie uns im Internet: www.bast-medien.de

Haftungsausschluss

Trotz intensiven Austauschs mit unseren Gesprächspartnern, gewissenhafter Literaturrecherche und aufmerksamem Korrekturlesen erheben wir weder einen Anspruch auf Vollständigkeit noch auf Fehlerlosigkeit. Wir haben streng darauf geachtet, keine Urheberrechte zu verletzen, unsere Recherchen sind nach bestem Wissen und Gewissen erfolgt. Dennoch übernehmen wir keinerlei Gewähr für die Aktualität, Korrektheit oder Vollständigkeit der bereitgestellten Informationen. Haftungsansprüche gegen uns schließen wir grundsätzlich aus.

NEU IM BUCHHANDEL UND AUF WWW.BAST-MEDIEN.DE

UNSERE STIMME ZÄHLT!

DIE GESCHICHTE DES DEUTSCHEN FRAUENWAHLRECHTS

VON KERSTIN WOLFF